EL PODER MÁGICO DE LAS VELAS

Diseño de portada: Editorial Sirio, S.A.
Maquetación: Toñi F. Castellón

© de la presente edición
   EDITORIAL SIRIO, S.A.
   C/ Rosa de los Vientos, 64
   Pol. Ind. El Viso
   29006-Málaga
   España

www.editorialsirio.com
sirio@editorialsirio.com

I.S.B.N.: 978-84-19685-46-9
Depósito Legal: MA-19-2024

Impreso en Imagraf Impresores, S. A.
c/ Nabucco, 14 D - Pol. Alameda
29006 - Málaga

Impreso en España

Puedes seguirnos en Facebook, Twitter, YouTube e Instagram.

 El papel utilizado para la impresión de este libro está **libre de cloro** elemental (ECF) y su procedencia está certificada por una entidad independiente, no gubernamental, que promueve la sostenibilidad de los bosques.

A L L E N F O X

EL PODER
MÁGICO
DE
LAS
VELAS

EDITORIAL
SIRIO

Eres un servidor de la luz.
Tu misión en la Tierra es desparramar luz,
aportar alegría y festejo.
Estás aquí para participar en la finalización de la dualidad,
para llevar luz al corazón de los demás.

Rhea Powers

ÍNDICE

I

LAS VELAS AYER Y HOY

Historia y prehistoria

En la mitología griega, la figura de Prometeo se halla íntimamente ligada a la humanidad. Desafiando a Zeus, que era el dios supremo, Prometeo se atrevió a robar el fuego a los dioses para entregárselo a los hombres.

Desde ese momento el fuego se convertiría en un elemento esencial en la vida del ser humano, no solo en el sentido material, como punto de partida para muchos avances que posteriormente se darían en el desarrollo de la civilización, sino también en el orden espiritual. El fuego ha sido siempre el símbolo de la vida, de la energía, de la inteligencia y de la voluntad que mueve al hombre.

De hecho, el fuego y la luz representan la esencia divina que existe en el ser humano, eso que lo distingue del resto de los animales y lo acerca a los dioses.

En el nivel material, el fuego desde el principio iluminó la oscuridad, ahuyentó la humedad y el frío y al mismo tiempo protegió de los animales a nuestros antepasados, quienes pronto lo utilizaron también para hacer más digeribles sus alimentos.

Con el tiempo, de los incendios accidentales provocados por el rayo se pasó a las hogueras, las antorchas, los candiles, las velas y, finalmente, la luz eléctrica. Pero la

íntima conexión de la llama con el nivel espiritual no se ha perdido. «Como es arriba es abajo» dice la Tabla Esmeralda. La luz de la vela representa y, de algún modo, está en contacto con la Luz, con el Poder Universal que nos mantiene vivos y nos ilumina desde nuestro interior.

A través de la luz de una humilde vela es posible contactar con ese Poder Universal. Las herramientas necesarias para realizar ese contacto están al alcance de todos y son únicamente dos: la voluntad y la fe.

Sin perder todo esto de vista, en las páginas que siguen vamos a ver algunas de las cosas que se pueden hacer con la luz de una vela. No te extrañes si encuentras en ellas enfoques que puedan parecer ligeros o incluso frívolos. Las tradiciones y el folclore no siempre son supersticiones vanas. Y de la tradición popular y el folclore es de donde procede la mayor parte del contenido de este libro. Por otro lado la magia —¿por qué no?— también puede resultar divertida.

Las velas en las ceremonias religiosas

La vela es solo un eslabón en la gran cadena que supuso el intento por parte del ser humano de domesticar el fuego. Podríamos situarla entre el candil y el quinqué. Los candiles más antiguos de los que tenemos noticia datan de quince mil años atrás. Inicialmente eran solo un recipiente cóncavo en el que se ponía un poco de grasa animal. En algún momento la grasa se mezcló con cera de abejas, y se aglutinó luego la amalgama resultante alrededor de un junco seco, a modo de mecha. Parece que este tipo de vela ya era utilizada por los etruscos, antiguos pobladores de la península italiana antes del surgimiento del Imperio romano. Se sabe que los romanos usaban profusamente ese tipo de velas, formadas por una mecha de junco que se sumergía varias veces en cera fundida hasta que alcanzaba el grosor deseado.

En las celebraciones judías las velas han ocupado también desde tiempos antiguos un lugar muy importante. En el Éxodo (25, 31-40), Yavé da instrucciones claras de cómo había que fabricar un candelabro muy especial:

Harás además un candelabro de oro puro, labrado a martillo; su pie, su caña, sus copas, sus manzanas y sus flores serán de lo mismo. Y saldrán seis brazos de sus lados; tres brazos del candelabro a un lado, y tres brazos al otro lado. Tres copas en forma de flor de almendro en un brazo, una manzana y una flor; y tres copas en forma de flor de almendro en otro brazo, una manzana y una flor; así en los seis brazos que salen del candelabro; y en la caña central cuatro copas en forma de flor de almendro, sus manzanas y sus flores. Habrá una manzana debajo de dos de sus brazos, otra manzana debajo de otros dos brazos, y una más debajo de los otros dos brazos, así

15

para los seis brazos que salen del candelabro. Sus manzanas y sus brazos serán de una pieza, todo ello una pieza labrada a martillo, de oro puro. Y le harás siete lamparillas, las cuales encenderás para que alumbren hacia delante. También sus despabiladeras y sus platillos serán de oro puro…

Como vemos, las meticulosas instrucciones plasmadas en el Éxodo se refieren a la famosa menorá, candelabro de siete brazos, uno central y tres a cada lado, que se utiliza todavía en los rituales judíos. Sin embargo, todo parece indicar que en aquella época dicho candelabro estaba destinado a soportar siete lamparillas de aceite, en lugar de siete velas, como ocurre en la actualidad.

En muchos de los territorios paganos conquistados por el Imperio romano, la utilización religiosa o mágica de lamparillas y velas era muy común. Al ser evangelizados dichos territorios y sus habitantes convertidos en fieles cristianos, muchas de sus costumbres se fueron integrando de un modo u otro en la liturgia de la nueva religión. La Iglesia al principio fue muy reacia a adoptar las velas en los rituales cristianos. Voces poderosas se alzaron contra tales «costumbres paganas» y contra los «efectos corruptores» que se pensaba tendrían sobre el culto. Tertuliano (siglo III) se opuso con fuerza al uso de las velas en el culto cristiano, y Lactancio (siglo IV) proclamó la locura de la veneración pagana con respecto a las luces: «A Él le encienden luces, como si Él estuviera

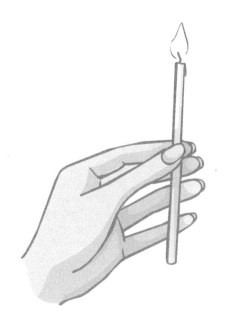

en la oscuridad. Si contemplaran esa luz celestial a la que llamamos sol, enseguida percibirían que Dios no tiene necesidad de sus velas...». Pero todas estas protestas resultaron inútiles contra las costumbres arraigadas desde mucho antes en las gentes y que comenzaron a penetrar en la Iglesia al convertirse los pueblos paganos al cristianismo. Así, a partir del siglo IV, la costumbre de utilizar velas no solo se estableció firmemente, sino que llegó a ser tenida como una característica propia de la mayoría de los rituales cristianos. Las velas pasaron a emplearse en todas las ceremonias del culto, pero

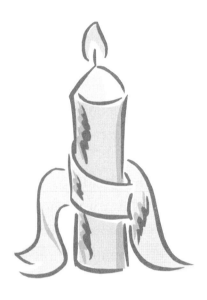

especialmente en las ocasiones importantes, llegando a
ocupar una posición central en las procesiones, los bau-
tismos, los matrimonios y los funerales. Adquirieron
definitivamente un papel predominante en el altar; se
colocaron ante las imágenes y en las hornacinas de los
santos; pasaron a ser usadas como ofrendas votivas a Dios
y a los santos, o junto con oraciones e invocaciones para
la recuperación de la enfermedad, y en las peticiones de
otros muchos favores. De hecho, pocas son las ceremonias en las que no se utilizan. En el mundo católico se
celebran algunas fiestas en las que las velas asumen un
gran papel. En el campo se llevaban a bendecir algunas
velas durante la ceremonia de la Candelaria, y después,

tras la bendición, se conservaban en casa y se encendían en el momento oportuno: contra los rayos, el granizo y las enfermedades de los animales. También se solían prender las velas bendecidas cuando se velaba a los muertos o se asistía a los moribundos. Para ayudarlos, incluso se acostumbraba a dejar caer sobre su cuerpo algunas gotas de cera licuada. También durante los partos difíciles se encendían velas bendecidas. Y aún es tradición en muchos países encender un cirio en el momento del bautismo, para iluminar el camino del recién nacido hacia Cristo; en general, el cirio es sostenido por el padrino, que deberá ser la imagen de referencia y el ejemplo para la vida cristiana del bautizado.

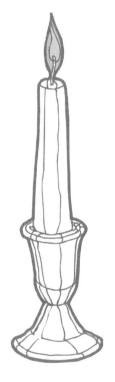

En muchos lugares aún es costumbre preparar una capilla ardiente para realizar el último homenaje al muerto por parte de los vivos. La propia denominación de capilla ardiente ya nos indica que se trata de un lugar iluminado por la llama de muchas velas, simbolizando de algún modo la luz del alma, que liberada de la prisión terrenal del cuerpo se eleva hacia Dios. Antiguamente, las velas de grandes dimensiones que se situaban alrededor de la cama sobre la que se acomodaba al difunto ardían durante todo el tiempo en que este era velado. Notable también es la tradición del cirio pascual. En la Cuaresma, se apagan todas las luces y las velas presentes en las iglesias y se enciende un nuevo fuego, símbolo del Cristo que renace. De esta llama tomará vida el cirio pascual y de allí todas las demás velas que iluminarán la iglesia. ¿Y qué serían sin velas y cirios las procesiones de Semana Santa que se celebran en todo el mundo católico?

Uso mágico de las velas

Al margen de su amplia utilización en las ceremonias religiosas, las velas han tenido siempre un uso clave en todas las tradiciones ocultistas y mágicas. Desde el descubrimiento del fuego, la llama fue considerada algo mágico. El hombre de la antigüedad utilizaba el fuego en sus ritos sagrados. En los rituales de las Escuelas de los Misterios de la antigüedad, en la tradición druídica, en las logias masónicas y rosacruces y en todas las escuelas esotéricas occidentales las velas ocupan un lugar primordial. En nuestros días, la llama de una vela sigue siendo el mejor y más simple punto de concentración para la asombrosa fuerza de la mente. La finalidad de este libro es enseñarte el uso mágico de las velas con un mínimo de teoría y con la mayor sencillez posible. Si sigues los sencillos pasos que te indico en las páginas que siguen, aprenderás a trabajar con éxito sabiendo lo que estás haciendo y por qué lo estás haciendo.

II

HAZLO TÚ MISMO

La fabricación de velas

Las antiguas escuelas de ocultismo insistían en que el mago debía tratar de fabricar él mismo todos los implementos que iba a utilizar, y no les faltaba razón. El tiempo y el esfuerzo que dedicamos a algo es lo que realmente le confiere valor. Los cuidados impartidos por el Principito a su flor y el tiempo pasado con ella fueron lo que a sus ojos la hacía tan valiosa.

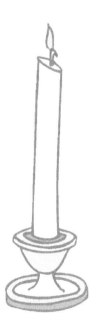

Aunque este libro no está dirigido a practicantes avanzados de la magia y, además, en la actualidad se encuentran en los comercios velas de todo tipo y para todas las necesidades a precios muy asequibles, en caso de que te animes a fabricarte tus propias velas, seguidamente te doy la información necesaria. Disponiendo de tiempo, fabricar velas puede resultar muy divertido.

Materiales e instrumentos necesarios

Cualquier vela se compone básicamente de una mecha o pabilo y de cera. La cera puede ser cera pura de abejas, algo francamente muy raro en la actualidad, o bien parafina con estearina o una mezcla de ambas. La vela puede igualmente estar adornada y enriquecida con perfumes, esencias e incluso con hojas, flores y sustancias diversas.

Los materiales que vas a necesitar son los siguientes:

La mecha. La mecha es un cordoncito, más o menos grueso, de algodón blanco trenzado. Se puede comprar tanto por metros como en bobinas ya confeccionadas en las cererías y en las tiendas donde vendan material de bricolaje. Es conveniente prestar mucha atención a la medida de la mecha, ya que de esta dependerá que la vela te salga bien o mal. La mecha debe ser proporcional al diámetro de la vela, pues si es demasiado gruesa, la vela se quemará muy rápidamente y la llama producirá mucho humo; en cambio, si es demasiado pequeña, la llama se apagará. Para las velas en forma de cono deberás utilizar una mecha de un grosor igual a la mitad de la base de la vela. Las mechas pueden dividirse básicamente en tres categorías: finas (para velas delgadas) realizadas con parafina u otro

material; medianas (para velas de diámetro pequeño o medio), fabricadas con estearina o con una mezcla de parafina y estearina, y gruesas (para velas con un diámetro más bien grueso), preparadas con cera de abeja u otras ceras. Para las velas de grandes dimensiones es preciso poner más mecha, o bien, si la forma de la vela lo permite, se pueden trenzar entre sí dos o tres mechas, para que sean más resistentes.

Si quieres hacer la mecha tú mismo, toma un poco de algodón de bordar, procurando que sea algodón puro y que no contenga fibras sintéticas, y moldéalo según el diámetro necesario de acuerdo con la vela que vayas a fabricar. Forma una trenza con tres hilos de algodón y

anuda los hilos a una varilla metálica (por ejemplo, una aguja de hacer media), de modo que queden bien tensos. Haz un nudo al principio y otro al final de la trenza, nudo que cortarás después de haber encerado la mecha. Para encerar la mecha, sumerge el algodón en cera fundida y espera a que se seque, o bien enciende una vela y haz caer la cera fundida a lo largo de toda la mecha.

La longitud de la mecha debe superar al menos en cinco centímetros la longitud de la vela. Es conveniente prestar atención para que la mecha sobresalga del molde; una mecha larga siempre se puede cortar a un centímetro del inicio de la vela, mientras que una corta estropeará todo el trabajo. Una característica muy desagradable de las mechas compradas es que, cuando se apagan, humean y huelen mal. Este inconveniente se puede resolver poniendo la mecha en un baño preparado con una solución de agua destilada y ácido bórico al 2 %. Si las velas son particularmente gruesas o tienen una forma complicada, es conveniente reforzar la mecha con un finísimo hilo de cobre. En la base de la mecha y de la vela es necesario fijar en la cera ojalillos –pequeños discos metálicos de un tamaño adecuado que sirvan de soporte–. Es conveniente encerar la mecha antes de empezar a hacer las velas.

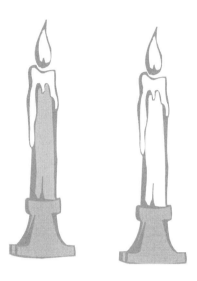

La parafina. Es un hidrocarburo derivado del petróleo, componente principal de la vela y combustible que al fundirse la mantiene encendida. Es aconsejable utilizar parafina adquirida en comercios especializados, que viene en bloques de color blanco con cierta transparencia. Cuanto mayor sea la transparencia mejor será la calidad. Se vende al peso y es muy económica. Algunos comerciantes la venden en polvo dentro de bolsitas de plástico. Es posible encontrarla también en las farmacias en forma de placas, pero es mucho más cara y se vende con fines alimentarios.

Otras variedades son la parafina en gel y la parafina líquida. La primera es una mezcla de parafina con otros elementos que le confieren una apariencia cristalina. Su duración es muy superior a la parafina común, pero las velas realizadas con parafina en gel no pueden ser desmoldadas, se realizan siempre en recipientes de vidrio. Por su parte, la parafina líquida se utiliza para lámparas de aceite; nunca pierde su consistencia líquida, por lo que solo sirve para este propósito.

Según su grado de purificación, la parafina se funde entre los 45 y los 63 ºC. Hierve a una temperatura muy alta y, antes de hacerlo, emana un humo blanco que rápidamente se convierte en una llama muy brillante. La parafina confiere una alta calidad a la luz de las velas, pero cuando se confeccionan velas en casa es conveniente mezclarla con estearina para evitar que, al fundirse, gotee demasiado. La mayor parte de las velas se realiza con parafina mezclada con estearina en una proporción de 1 a 10.

Soja. En los últimos tiempos podemos observar la proliferación de esta cera para fabricar nuestras propias velas. Es una muy buena alternativa a la parafina, es natural y genera menos humo. Las velas de este material duran mucho tiempo, puesto que la combustión es más lenta. La soja se puede encontrar en forma de pepitas o perlas que se funden al baño María.

La estearina. Se trata de una mezcla de ácidos grasos, de origen animal y vegetal, que hasta hace algún tiempo se fabricaba con sebo: se presenta en forma de briznas de un color blanco nacarado, solidificadas en masas cerosas, y se vende en forma de bloques, placas o bolsas.

La cera de abeja. Es, sin duda, el material más apreciado para elaborar velas. Es la sustancia que utilizan las abejas para construir sus colmenas. Separada de la miel, se comercializa en panes o láminas. Se presenta en forma de material amarillo y blando, pero existe también un tipo blanqueado. No es soluble en agua, sino en aceite, y se quema sin olor y sin producir humo. Se funde entre

los 61 y los 65 °C. Es cara y presenta dos características importantes: se quema durante largo rato y es muy elástica y blanda.

Existen a la venta en las tiendas especializadas distintas mezclas ya preparadas para elaborar velas, en las cuales se encuentran en proporciones exactas parafina, estearina y cera. Estos materiales producen una notable luminosidad y poco humo, y son duraderos. Se funden en torno a los 80 °C. La cantidad que debe emplearse ha de ser una vez y media la capacidad del molde. Para obtener una luz más clara es preciso colar la mezcla en un molde previamente sumergido en agua caliente, esto es, al baño María.

Los colorantes. Para teñir las velas, basta añadir color para cera a la mezcla fundida. Aconsejo que lo compres en establecimientos que suministren materiales para velas, aunque puede adquirirse también en tiendas de pinturas o droguerías. La coloración de la cera cambia cuando se enfría; por lo tanto, antes de empezar, es conveniente hacer una prueba vertiendo una pequeña cantidad de cera coloreada en un platito y esperando a que se enfríe. Si queda demasiado intensa, basta con fundirla de nuevo y añadir cera blanca; si resulta demasiado tenue, una vez disuelta se puede añadir un poco de colorante. Los colorantes en pasta se disuelven más fácilmente

si antes de añadirse a la parafina se mezclan con estearina. Suelen ser muy concentrados, por lo que basta con una pequeña cantidad. Los colorantes en polvo se diluyen en estearina caliente para evitar manchas de colores más oscuros en la vela cuando está terminada. Son muy concentrados, y con la punta de una cucharadita de café se colorea más de un kilo de cera. Estos colores se dispersan con facilidad en el ambiente y es conveniente prestar mucha atención cuando se manejan, porque podrían manchar la ropa y los objetos de un modo indeleble.

Además de los colorantes específicos para velas, se pueden utilizar colorantes universales, colores para la pintura al óleo u otros. Los primeros están disponibles en pequeños tubos de plástico y tienen forma fluida. Son concentrados; de hecho, para colorear una vela a menudo basta con una sola gota. Se mezclan muy bien con la cera, pero producen colores opacos y ofrecen una gama de tonalidades limitada. Los colorantes en polvo permiten obtener un efecto granuloso, opaco y difuminado. Son los colores utilizados para la pintura al agua, el yeso molido y los pasteles a la cera y al óleo. Ofrecen una amplia gama de tonos y su único inconveniente es que, a menudo, el color se deposita en el fondo.

Las esencias. Se emplean para perfumar las velas. Para ello se añaden algunas gotas a la cera líquida o se impregna la mecha. A menudo, estas esencias influyen en el color de la cera modificándolo. En las cererías o tiendas especializadas se venden esencias de perfume específicas para velas, que se añaden a la cera fundida en dosis de

entre un 3 y un 5 %. Se mezclan con un palito y se amalgama la esencia con la cera. Además de los perfumes específicos, se pueden añadir esencias naturales de plantas que se venden en las perfumerías, las herboristerías y algunas droguerías. Hay que asegurarse, no obstante, de que se trate de esencias naturales y no de perfumes a base de alcohol, que podrían resultar inflamables, o de agua perfumada, que podría comprometer la capacidad de combustión de la vela.

Los ojalillos. Se utilizan para evitar que la vela, en su parte final, se apague antes de consumir toda la parafina, ya que mantienen la mecha en su lugar aunque la parafina esté totalmente disuelta y además otorgan una terminación más profesional.

Los moldes. Existen infinidad de formatos y de diferentes materiales: zinc, acero inoxidable, cristal, diferentes plásticos o acrílico. Además se pueden realizar o encargar moldes de goma, caucho o siliconas. Lo ideal es utilizar siempre un molde que sea específico para velas, ya que no todo lo que encontremos a mano va a darnos luego el resultado esperado. Algunos no soportarán el calor y otros no nos permitirán desmoldar sin romperlos.

Los desmoldantes. Es necesario usar aceites desmoldantes especiales para velas. Los otros aceites provocan manchas, afean la terminación y en algunos casos les transmiten su aroma, que no suele ser apropiado. También se pueden utilizar siliconas en aerosol, pues dan

excelentes resultados, aunque la vela realizada en un molde que ha sido siliconado no va a poder bañarse nuevamente en parafina.

Un termómetro. Se trata de un utensilio imprescindible y no sirve cualquier termómetro casero. Deberás adquirir uno en la tienda donde compres los demás materiales y accesorios, que al menos llegue a los 150 ºC.

Consejos y precauciones

- Disuelve la soja.
- Disuelve siempre la parafina y la estearina al baño María. Si sobrepasas los 140 ºC podría encenderse espontáneamente; utiliza el termómetro.
- Si vas a emplear estearina es bueno colocarla debajo, ya que necesita mayor calor para comenzar a fundirse. Cuando estén totalmente fundidas ambas, revuélvelas con una cuchara de madera sin agitar demasiado, a fin de que se integren perfectamente.
- Respeta las instrucciones de los aditivos. Tendrás la seguridad de su integración y disolución total cuando la mezcla tenga nuevamente un color translúcido.
- Para calcular la cantidad de parafina total, llena el molde con agua y viértela en una jarra medidora.

Por cada 100 ml de agua se necesitan 90 g de parafina sólida, aunque siempre es aconsejable comenzar con un poco más.

- Coloca desmoldante en los moldes que vas a utilizar teniendo en cuenta que la cantidad no debe ser excesiva, ya que produce marcas blanquecinas en la vela o pequeñas cavidades que afean su apariencia final. Lo correcto es poder notar al tacto el molde engrasado, sin que el desmoldante se perciba con la vista.

- Añade la esencia aromática —si la vas a usar— después de tener la parafina y la estearina disueltas, coloreadas y a la temperatura adecuada. Si tienes

que volver a calentar la mezcla hay que agregar un poco más de aroma, pues este se pierde con el calor.

- Para mantener la temperatura, mientras estás trabajando, deja el recipiente que contiene la parafina al baño María, pero separado del fuego.
- Recuerda siempre que se necesita muy poca cantidad de colorante. Para saber cómo quedará el color puedes verter, como se ha explicado anteriormente, un poco con una cuchara en un plato blanco y esperar que solidifique totalmente.
- Para realizar velas de acabado normal la parafina debe estar a 75 ºC.

- Por último, deberás seguir siempre las instrucciones del fabricante o proveedor. Él conoce en profundidad las particularidades del producto.

Manos a la obra

Para realizar algunas velas, coloreadas y aromatizadas, como cualquiera de las que puedes adquirir en las tiendas necesitarás tener a mano:

1. Termómetro (que llegue por lo menos a 150 °C).
2. Moldes para velas con un diámetro mayor a 6 cm (a fin de que tu primera fabricación de velas te resulte más fácil). Si los moldes son transparentes, mejor. Los hay muy económicos.
3. Desmoldante.
4. Parafina para velas.
5. Colorante para velas.
6. Fragancia para velas.
7. Varillas guía para la mecha y soporte para las varillas.
8. Sostenedor.
9. Mechas (en caso de duda, en la tienda te dirán cuál es la adecuada para el molde que vayas a usar).
10. Ojalillos.
11. Estearina, si los moldes tienen menos de 5 cm de diámetro.

Pasos que debes seguir

1. Llena el molde con agua y mídela; así podrás calcular la cantidad de parafina necesaria, que deberá ser el 90 % del contenido del molde.

2. Prepara los recipientes para realizar el baño María, esto es, uno más pequeño que el otro y el pequeño no debe apoyarse sobre el fondo del otro. Hay recipientes especiales para esto pero tú puedes adaptar dos que ya poseas.

3. Pon el agua a calentar mientras troceas la parafina que vas a utilizar.

4. Coloca una pequeña cantidad de parafina con el colorante en el recipiente pequeño. Usa la cantidad recomendada por el fabricante.

5. Cuando colorante y parafina estén unificados, incorpora el resto de la parafina.

6. Mientras esta se disuelve irás untando el molde con desmoldante. Lo ideal es hacerlo con papel absorbente de cocina o pañuelos de papel.

7. Embadurna con bastante desmoldante la varilla guía para la mecha y céntrala en el molde con ayuda del sostenedor.

8. Si vas a hacer una vela perfumada, cuando la parafina esté totalmente disuelta y haya alcanzado los 75 °C, retírala del fuego y añádele la fragancia, que aproximadamente deberá ser un 5 % de la cantidad

de parafina. Mezcla bien sin agitar ni generar burbujas.

9. Ahora, con mucho cuidado y tratando de no generar burbujas, vierte la parafina en el molde. Cuando haya alcanzado el nivel deseado, da unos golpecitos secos al molde para que salgan las burbujas que pudieran haberse producido.

10. Deja reposar hasta que se solidifique.

11. Alrededor de la varilla se habrá producido un hueco, que deberás rellenar.

12. Calienta hasta 75 u 80 °C la parafina que te queda.

13. Vierte parafina en el hueco, sin pasar el nivel que ya tenía.

14. De acuerdo al tamaño y forma del molde, puede ser necesario repetir este procedimiento hasta nivelar la vela.

15. Deja que se enfríe totalmente.

16. Retira el sostenedor y la varilla, y procede a desmoldar girando el molde y dando algún golpecito en el fondo.

17. Coloca un ojalillo a la mecha y presiónalo.

18. Pasa la mecha por el agujero de la varilla.

19. Para dejar totalmente sujeto el ojalillo, calienta sobre la llama una cuchara vieja y aplícala un rato sobre él con la vela apoyada sobre una superficie horizontal.

Consejos prácticos

- Si el molde tiene menos de 6 cm de diámetro, es aconsejable utilizar estearina.
- La parafina puede encenderse; no olvides el baño María.
- El molde debe estar grasoso al tacto, pero no verse mojado.
- El hueco que se produce al hacer la vela es porque la parafina ocupa más espacio en estado líquido que sólido.
- No llenes los moldes hasta el borde, pues eso dificulta el desmoldado.
- No sobrepases el primer nivel de llenado al rellenar el hueco, pues quedará la marca.

Fabricación de velas por inmersión

Este procedimiento es mucho más rudimentario y sencillo, aunque también más repetitivo y largo. Para fabricar velas por inmersión deberás calentar la mezcla al baño María y removerla con una cuchara de madera. Añade el colorante y las esencias, si vas a utilizarlas. La cera no deberá estar ni demasiado líquida ni demasiado espesa. Con la práctica tú mismo verás cuál es el grado de espesor necesario. Luego sumerge durante un momento la mecha en la cera fundida sujetándola por un extremo con los dedos, después extráela y espera a que la cera que se adhirió a la mecha se enfríe completamente. Repite la operación y notarás que la vela empieza a espesarse.

Prosigue hasta que alcance el grosor que deseas obtener. Pueden ser necesarias entre treinta y cuarenta inmersiones. Cuando alcance la dimensión justa, deja enfriar completamente la vela y procura no dejarla sobre un lado, ya que, al estar todavía templada, podría deformarse y aplanarse. Finalmente córtale la mecha dejando un centímetro de largo. Puedes emplear una mecha de unos 25 cm o, si realizas dos velas cada vez, una de 50 cm que doblarás en dos. (La mecha debe, no obstante, ser siempre tres o cuatro centímetros más larga que la vela). En el primer caso, para secar la vela puedes sujetar la mecha con una pinza para la colada; en el segundo, bastará con atarla a un gancho. Es muy importante que, entre una inmersión y la otra, la vela esté completamente fría; a veces son necesarios tiempos de espera más bien largos. Seguramente este era el procedimiento que se utilizaba hace miles de años para la fabricación de las primeras velas.

Las esencias o fragancias

Si has decidido perfumar las velas que utilizarás en tu trabajo, es bueno que sepas que cada esencia presenta varias propiedades y se puede emplear para distintos usos mágicos. Así, puedes usar la esencia de cedro, por ejemplo, para limpiar y purificar el ambiente de negatividad, para atraer prosperidad o para eliminar bloqueos físicos. Para un mismo propósito se pueden usar varias esencias diferentes. Por ejemplo, si deseas realizar un ritual de protección puedes usar, entre otras, esencia de espliego (lavanda), de romero o de canela. Es importante conocer las propiedades de cada esencia a la hora de elegir una para un fin determinado. La siguiente lista indica las principales propiedades de algunas de las esencias más usadas.

Esencia de ámbar

- Prosperidad.
- Mejora las situaciones en general.
- Cambia las energías negativas por positivas.
- Adecuada para conseguir serenidad.
- Potencia la atracción de la persona que deseamos y asegura su fidelidad.
- Elimina obstáculos, roces, resentimientos y rencores de las personas con las que convivimos.

Esencia de avellana

- Para conseguir el equilibrio interior.
- Armoniza el interior y el exterior de la persona equilibrando las fuerzas complementarias del yin y el yang.

Esencia de azahar

- Afrodisíaca.
- Amor.
- Alegría.
- Suerte y dinero.
- Provoca sueños que liberan las tensiones emocionales del inconsciente.
- Muy útil para la meditación.

Esencia de azucena

- Otorga paz.
- Calma el dolor producido por las rupturas sentimentales.
- Favorece la conquista de la madurez, permitiéndonos que nuestra mente se abra para terminar los proyectos que hemos iniciado.

Esencia de benjuí

- Purificación.
- Prosperidad.
- Paz.
- Favorece la prosperidad material y comercial.
- Estimula la creatividad empresarial.

- Desarrolla las cualidades intelectuales.
- Aumenta la comprensión.
- Desarrolla la intuición.
- Ayuda a la estabilidad emocional.
- Buena para defenderse de la brujería y los hechizos.

Esencia de cedro

- Limpia y purifica el ambiente de negatividad.
- Fomenta la espiritualidad.
- Devuelve el equilibrio.
- Favorece el control sobre la propia vida.
- Atrae la prosperidad.
- Buena para los negocios.
- Elimina bloqueos físicos.

Esencia de canela

- Afrodisíaca.
- Protección.
- Para curar.
- Otorga energía al cuerpo.
- Da seguridad.
- Aumenta la capacidad para penetrar en nuestra conciencia psíquica.
- Para mejorar nuestra economía.

Esencia de espliego (lavanda)

- Tranquilizante.
- Repele la depresión.
- Aleja la tensión y la ansiedad.
- Calma la violencia emocional y fortalece la razón.
- Tonifica el sistema nervioso.
- Favorece el amor espiritual.
- Otorga paz y felicidad.
- Para conciliar el sueño.
- Protección.
- Purificación.
- Para tener claridad de ideas.
- Para tener claridad en las visualizaciones.
- Eleva el espíritu.

- Armoniza la energía espiritual y favorece el equilibrio.

Esencia de eucalipto
- Protección.
- Purificación de ambientes donde ha habido discusiones y peleas físicas.
- Fomenta la salud.
- Acelera los procesos de curación.
- Para alcanzar el éxito y la prosperidad.

Esencia de incienso

- Purificación.
- Protección.
- Limpia el ambiente de energías negativas.
- Promueve y acelera los estados de meditación.
- Nos conecta con las vibraciones elevadas.
- Otorga energía personal.
- Muy adecuado para rituales de adoración y evolución.

Esencia de jazmín

- Afrodisíaco.
- Atrae la buena suerte en el amor.
- Atrae la abundancia.
- Alivia la depresión.
- Calma los nervios.
- Elimina las preocupaciones respecto al futuro.
- Favorece la autoestima.
- Eleva el espíritu.

Esencia de jara

- Evita la soledad.
- Muy beneficiosa para conseguir la integración en grupos sociales.
- Restablece la conexión entre el cuerpo y el alma, despertando el verdadero ser interior.

Esencia de lila

- Aumenta el amor.
- Purifica personas y ambientes.
- Ayuda a ser más flexible con uno mismo y con los demás.
- Contribuye a que seamos más tolerantes.

Esencia de limón

- Purificación.
- Alivia el estrés y calma los nervios.
- Atrae alegría.
- Estimulante general.
- Para conservar la salud.
- Favorece las energías positivas.

Esencia de mirra

- Protección.
- Meditación.
- Limpieza de personas y lugares.
- Potencia los rituales.
- Contra el mal de ojo, los hechizos y la brujería.
- Aleja energías negativas y malos espíritus.

Esencia de menta

- Limpieza ritual.
- Revitaliza el cuerpo y la mente.
- Contra el agotamiento.
- Acelera la curación del cuerpo.
- Reconforta cuando hemos perdido a un ser querido.
- Restituye la concentración y la memoria.

Esencia de melisa

- Contra el insomnio.
- Contra el estrés.
- Devuelve el equilibrio emocional.

Esencia de naranja

- Purificación.
- Atrae el amor.
- Atrae la suerte.
- Atrae el dinero.
- Otorga energía física.
- Buena en adivinación.

Esencia de orégano

- Aumenta la claridad del subconsciente.
- Ayuda a relajar tensiones y preocupaciones espirituales.

Esencia de pino

- Realizar exorcismos.
- Potenciar negocios.
- Purifica personas y ambientes.

Esencia de romero

- Protección.
- Limpieza de personas y casas.
- Potencia las propiedades mágicas.

- Afianza la seguridad en uno mismo.
- Contra el odio y el temor.
- Para conseguir una relación amorosa.
- Aclara la mente.
- Aumenta la memoria (excelente para exámenes y estudios).

Esencia de rosa

- Afrodisíaca.
- Amor.
- Alivia los problemas sexuales de las mujeres.
- Resuelve los casos de impotencia psicológica de los hombres.
- Inspira sentimientos de paz y felicidad.

- Nos ayuda a sentirnos bien con nuestro cuerpo eliminando las dudas sobre nuestro aspecto y atractivo.
- Calma las disputas domésticas.

Esencia de ruda

- Protección extraordinaria.
- Protección en los rituales mágicos.
- Absorbe las energías negativas.
- Rompe los hechizos.
- Defiende contra el mal de ojo, los hechizos y la magia negra.

Esencia de tomillo

- Estimulante general.
- Da fuerza y valor.
- Para conservar la salud.
- Ayuda en la depresión.
- Produce sueños agradables.
- Evita pesadillas.

Esencia de vainilla

- Afrodisíaca
- Revitaliza el cuerpo.
- Activa los sentidos.
- Muy buena para los esfuerzos físicos y los rituales mágicos.

III
NOCIONES PRÁCTICAS

Los colores

De todos los sentidos del ser humano, la vista es el más desarrollado y casi el 83 % de las impresiones sensitivas nos llegan a través de ella. En comparación, al oído le corresponde solo el 11 % y al olfato aún menos, únicamente el 3,5 %. No es de extrañar, pues, que la luz y el color tengan tanta influencia sobre nuestro estado de ánimo y bienestar. Y al revés, nuestro estado de humor y nuestro carácter influyen también en la interpretación de las percepciones visuales y de los colores. Desde hace miles de años, los ocultistas revelaron el significado profundo de cada uno de los colores y les confirieron valores propios. El rojo, el naranja, el amarillo, el verde, el azul, el marrón, el dorado o el violeta son colores que en sí mismos poseen atribuciones, cualidades y efectos que los hacen distintos cualitativamente, al margen de su clara diferencia en términos visuales. La cromoterapia es uno de los métodos terapéuticos más antiguos, basada, en un principio en la fuerza curativa de la luz solar y de los colores que la componen. Importantes culturas ya desaparecidas utilizaron la cromoterapia para aliviar los trastornos más diversos. Durante miles de años el sol representó a la divinidad y, por ello, sus rayos tenían fuerzas curativas sobrenaturales. Los incas, los mayas y los egipcios profesaban un auténtico culto al sol, con templos construidos expresamente para tal fin. Con el tiempo se llegó a la conclusión de que cada uno de los colores presentaba una acción específica, y por esa razón también se atribuían a diferentes dioses. En Egipto,

por ejemplo, el rojo estaba relacionado con Amón, el amarillo con Horus, el verde con Osiris y el azul con Anubis. En la antigua Grecia se asociaba el amarillo con Apolo, el verde con Afrodita y el azul con Zeus. Los sacerdotes de aquellos tiempos eran también sanadores, y así, la salvación y la salud estaban en las mismas manos. Los egipcios construían templos con siete salas, de acuerdo a los siete colores del arcoíris. Según el color que necesitaba el enfermo, le hacían entrar en una de las salas para que tomase un baño curativo de color. La reina Nefertiti, que vivió alrededor del año 1350 a. de C., mandaba al médico de la corte preparar aceites de baño de diferentes colores, para aumentar su bienestar y su belleza. Los baños estimulantes tenían color púrpura y los relajantes verde o azul, según las narraciones de esa época.

En lo referente al trabajo y a los rituales mágicos con velas, el color es uno de los factores más importantes, tanto por sus cualidades intrínsecas como por las correspondencias de los distintos colores con todo el universo de la magia. Entre las primeras cuestiones que el principiante en lo oculto ha de tener en cuenta se halla el vasto abanico de las correspondencias, es decir, el modo en que elementos de diversa índole están vinculados o conectados. Las correspondencias constituyen el ABC del ocultismo y todo estudiante serio debería empezar por tener una idea bastante clara de ellas. Es decir, cada

color está vinculado con un planeta, con un tipo de temperamento, con un estado de ánimo, con un signo del Zodiaco, con un espíritu, genio o inteligencia incorpórea, con uno de los cuatro elementos de la sabiduría antigua, con una o más plantas, minerales e incluso animales, y así casi hasta el infinito. Este libro no pretende ser un tratado exhaustivo de magia, sino un manual sencillo y práctico de velas, por lo que no entraremos en el detalle de la larga e impresionante lista de las correspondencias mágicas. El estudiante interesado hallará sin duda dónde profundizar en este tema. Aquí vamos a ocuparnos del color únicamente en lo que respecta al trabajo con las velas.

Al igual que el sonido, el color es vibración y los distintos colores poseen longitudes de onda distintas. El ojo es capaz de ver —y nuestra mente inconsciente de reconocer— cambios muy sutiles, identificando así tonalidades diferentes dentro de cada color básico. Los colores nos colocan «en sintonía» con las fuentes o poderes afines, y por ello es conveniente utilizar el color correcto en cada trabajo o ritual. La siguiente es una sucinta descripción de las cualidades atribuidas a cada uno de los colores más usados, y su aplicación a la magia con las velas.

ROJO. El rojo es el color del planeta Marte, y primordialmente de la sangre, que está regida por dicho planeta. Marte es el dios de la guerra, en la que se derrama mucha sangre. Por tanto, el rojo representa la energía y la vida física. Este color se utilizaba a menudo porque representaba el nacimiento, la generación y la creación. Es el color

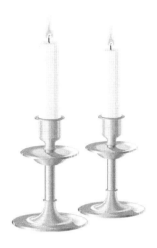

empleado en ceremonias o rituales relacionados con la fuerza, la creatividad y el amor físico, ya que tradicionalmente se le ha considerado el color del corazón. Representa la salud y la fortaleza física y es muy utilizado para fomentar el valor en la persona que va a afrontar algún peligro e incluso es un color protector de las energías físicas y psíquicas. Es también muy usado para activar y regenerar cualquier cosa que se encuentre estancada o que parezca muerta y por supuesto también se asocia al triunfo. Es la energía guerrera que necesitamos en nuestra vida para afrontar los grandes retos. Los aspectos positivos del rojo son la calidez, la salud, la fuerza, la sexualidad, el coraje, el vigor, el amor (físico y divino), la exuberancia, la fuerza creativa, el dinamismo, el estímulo, el entusiasmo, el nacimiento, la generación y el triunfo. Sus aspectos negativos son: odio, deseo lascivo, cólera, pasión incontrolada, ataque, fuerza, anarquía, rebelión, peligro, amotinamiento, guerra, sangre y su derramamiento, violencia, crueldad y venganza.

Rosa. Es el color del amor, también del planeta Venus y de su signo, Libra, que rige los aspectos sociales de la vida, el matrimonio y todo tipo de compañía. Estos colores son emblemáticos de las virtudes idealizadas del romance, la suavidad y el afecto. El rosa es un rojo mezclado con blanco, lo cual lo hace menos destructivo e impetuoso, menos centrado en sí mismo y menos estimulante. Pero sigue siendo alegre y apasionado. Para muchos el rosa es una vibración superior del rojo y representa la belleza, esperanza, amor y moralidad. El rojo se ha transmutado en una forma más perfecta, por la positiva

combinación con el blanco. En este caso las velas rosas apelan al amor más sincero, el romanticismo y las cualidades divinas como la dulzura, la serenidad y el cariño. Es el color de la compasión y del amor divino. Activa los sentimientos y nos ayuda a ser mejores personas. Para otros el rosa es un rojo que ha perdido fuerza y que por alguna circunstancia extraña es capaz de absorber energía del entorno, siendo así un color debilitante, por lo que ciertos especialistas en feng shui desaconsejan pintar las habitaciones de color rosa, especialmente si en ellas han de morar personas enfermas o débiles. En lo referente a las velas, el rosa se considera apropiado para todo lo que tenga que ver con el amor en todas sus facetas, con la suavidad, la dulzura y la comprensión.

AMARILLO. Es el color del intelecto por naturaleza. Una vela amarilla será utilizada para traer claridad de pensamiento, despertar el poder de la mente o las cualidades que esta puede ofrecernos. Pero también es empleada para llevar la alegría a alguien o algo, ya que, al interpretarse como el color del sol, se busca con ella la vitalidad y las ganas de vivir. Será pues una vela muy útil en casos de depresiones o tristezas. También se usa para suavizar comportamientos ariscos. En definitiva, allí donde haya que llevar luz y claridad mental, el amarillo será ideal.

Aspectos positivos: alegría, vida, gozo, calidez, fuerza, gloria, luminosidad, luz, desarrollo de la intuición, intelecto, poder y fuerza mental. Aspectos negativos: cobardía, envidia, desconfianza, enfermedad, decadencia y muerte, adulterio, perfidia, inconstancia y aspecto enfermizo.

NARANJA. Cuando el amarillo se combina con el rojo, obtenemos el naranja, un color vigorizante, energizante, emocional y generador de vida. El naranja combina a la perfección la fuerza y el impulso del rojo con la inteligencia del amarillo. Es un estímulo a actuar con cierta rapidez. Por algo es el color más utilizado en los restaurantes de comida rápida de todo el mundo. Una vela naranja es ideal para atraer la armonía y el estímulo a tu vida, de

manera que no se produzcan demasiados sobresaltos, pero impidiendo que tu vida o el asunto que te interesa se estanque. Es ideal como ayuda para tomar cualquier tipo de decisión, así como cuando se necesite adaptabilidad para abordar lo que se nos ponga enfrente. Además introduce una mezcla de alegría y serenidad muy útil para que las cosas nos salgan bien. En el naranja se esconde una energía de atracción muy potente, por lo que siempre será muy eficaz para potenciar lo que estemos pidiendo.

Azul. Es el color de los cielos y nubes, claro y radiante; por ello ha sido desde siempre vinculado con lo celestial y con los dioses, siendo a menudo considerado el color del planeta Júpiter. La ropa de la Virgen María es frecuentemente azul, para poner de relieve, entre otras cosas, su papel de «Reina del Cielo». Se suele asociar también con espacio y profundidad: el cielo azul encima y el mar azul debajo. Es un color frío, y asociado por tanto con esa sensación térmica. La gente sensible suele sentirse cansada y deprimida cuando permanece en una habitación predominantemente azul. Su relación con el mar y el agua se extiende a las lágrimas, el llanto y la tristeza emocional. Las velas de este color son totalmente aptas para llevar serenidad a algún asunto o persona. El azul incentiva cualidades espirituales como la sinceridad, la fe, la esperanza, el amor desinteresado y espiritual y la fidelidad. Así, es ideal para calmar tensiones después de disputas, para arreglar una situación difícil con alguien o para conectarse mejor con el mundo espiritual. Los

aspectos positivos del azul son la fidelidad, la inspiración, la veracidad, la tranquilidad, el entendimiento espiritual, la serenidad, la esperanza, la devoción, la calma, la intuición y la piedad. Entre sus aspectos negativos hallamos: frialdad, depresión, reserva, melancolía, lágrimas, tristeza, frigidez, apatía, falta de simpatía, lobreguez, pena y el enfriamiento en las relaciones.

VERDE. Es el color de la fertilidad y está estrechamente relacionado con la Madre Tierra. Así, será muy útil para asuntos que necesiten una gran productividad o creatividad. Atrae el equilibrio a la mente, al cuerpo y al espíritu, permitiendo forjar una estabilidad y una seguridad casi inquebrantables. La «luz verde» es en todas partes un

símbolo que nos indica que podemos seguir con seguridad. El verde es también un color asociado a la salud, de manera que podrá usarse para atraerla o para solucionar algún tipo de enfermedad. Es el símbolo de la energía, la fertilidad, la vida nueva, el crecimiento y la caridad. Es refrescante y frío, y sugiere paz y relajación. Es muy útil para aquellos que necesiten suerte o para ceremonias relacionadas con las finanzas. Sin embargo, cuando el verde se oscurece con el negro denota envidia, celos, sospecha y superstición. Aspectos positivos: calma, paz, inmortalidad, juventud eterna, estabilidad, produce alegría, contento, tranquilidad, crecimiento, ambiente primaveral, abundancia, fertilidad, renovación, equilibrio y

vida. Aspectos negativos: celos, envidia, enfermedad, avaricia, cobardía, cólera, discordia, discusión, desarmonía, sospechas y resentimiento.

MORADO Y PÚRPURA. La gama de los morados, púrpura y violetas son colores resultantes de mezclar el rojo con el azul. En los tiempos antiguos el púrpura o morado era un color extremadamente caro; solo la realeza, los magistrados, los jefes militares y los muy ricos podían llevarlo, por lo que se convirtió en un símbolo de lujo y poder. El pigmento se obtenía de un molusco, el Buccinum murex, llamado popularmente «purpureum». Es un color espiritual y psíquico, dotado de sabiduría, reverencia, idealismo y dignidad. Es neutral, ni caliente ni frío. El morado, por tanto, significa éxito, elevación, prestigio y prominencia social, así como el logro de los deseos del corazón. Su uso negativo será el abuso tiránico del poder o

autoridad, una búsqueda enfermiza de progreso y poder. Tradicionalmente las velas moradas se utilizan para atraer poder y prestigio al peticionario y, empleándolas en cualquier asunto, especialmente financiero, se obtendrá un éxito rotundo. Por ejemplo, son ideales para pasar una entrevista de trabajo o conseguir algo muy deseado. Pero hay que tener mucho cuidado, pues debe evitarse siempre caer en un exceso de ambición.

Violeta. Es el color de la transmutación o transformación del pasado en futuro o de las viejas actitudes en otras más elevadas y evolucionadas. Para los antiguos simbolizaba la «vestimenta de Dios», y como tal se consideraba sagrado, simbólico de la inocencia, del amor a la verdad y de la verdad del amor. Tiene la capacidad de alcanzar grandes alturas, pero con frecuencia está velado por el misterio. Es el color del sacrificio y la perseverancia, de la piedad y el sentimentalismo. Es una tonalidad suavizante que puede actuar como sedante, produciendo al mismo tiempo cierto letargo, melancolía y sueño, ya que se trata de un poderoso agente tranquilizante. Leonardo da Vinci, quien sabía mucho de colores, decía que el poder de meditación es diez veces superior bajo una luz violeta que traspase las vidrieras de una tranquila iglesia. Se dice que el conde de St. Germain lo utilizaba en la curación, y que con gemas y piedras preciosas de color violeta quitaba las manchas. En las velas el poder curativo del violeta es muy importante, al mismo tiempo que facilita profundamente

la meditación y el desvelar de los misterios escondidos en el alma humana. Atrae también energías poderosamente sedantes, con una mezcla de tristeza, por lo que combinando una vela violeta con una amarilla o naranja se pueden obtener grandes resultados. Utilízala cuando quieras transmutar algún asunto en algo mucho mejor. Es una vela protectora por naturaleza.

GRIS/PLATEADO. Se usa para denotar edad, madurez y sabiduría en su aspecto positivo, chochez, senilidad o segunda infancia en el negativo, pues la edad puede traer cualquiera de esas cualidades. La madurez o la vejez vuelven grises o plateados los cabellos. Con frecuencia, el gris representa la lamentación. Se considera que su neutralidad se debe a la adición del blanco al negro, y por tanto representa la mitigación o superación del mal. Por la misma razón, simboliza con frecuencia un estancamiento, pues un color cancela los efectos del otro sin que ninguno obtenga el control. El

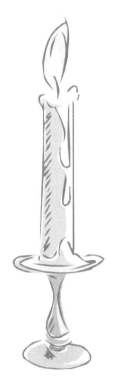

blanco es vivaz; el negro, sombrío, y el gris, un intermedio. Es el color de la indiferencia y de la inercia: el de las cenizas que quedan cuando se ha apagado el fuego. Se suele utilizar cuando se intenta detener algún mal, y también para tomar decisiones desde una posición más madura, para ayudar a madurar a una persona. Una vela plateada atraerá la energía de la noche y de la luna, así que será posible utilizarla en rituales o ceremonias nocturnas para representar dicha energía. A su vez aporta serenidad y profundidad de pensamiento.

Blanco. Es el color de la limpieza, la pureza y la inocencia. Representar algo de color blanco es mostrar un estado de gracia y pureza, un estado virginal; así, las vírgenes vestales iban vestidas de este color para atender la llama sagrada. Se deduce de esto que los dioses lo consideraban un color aceptable. Los sacerdotes romanos de Júpiter llevaban ropas blancas y le sacrificaban ganado blanco. A la muerte de un césar, el luto nacional era el blanco. Los caballos sagrados de los griegos, romanos, germanos y celtas eran blancos. En el arte religioso, Cristo suele representarse con ropajes blancos después de la resurrección, al igual que los ángeles y los justos difuntos que están en el cielo. Es decir, el blanco ha sido siempre, por naturaleza, el color de la energía divina. Pero a él se le

atribuyen también cualidades negativas, entre ellas la debilidad, la falta de fuerza y la cobardía. Parte de su simbolismo negativo le viene del hecho de que la palidez se haya relacionado siempre con la falta de sangre y de vigor. Sus aspectos positivos son la limpieza, la pureza, la inocencia, el bien, la luz, la paz, la modestia, la espiritualidad, la sinceridad, la verdad, la simplicidad y la esperanza. Los negativos son la debilidad, la delicadeza, la enfermedad, la cobardía, la falta de sangre, de vigor, de vida, la timidez, el nerviosismo y la impotencia.

Las velas blancas serán especialmente muy útiles cuando se quiera realizar una limpieza o se busque protección. Pero también ayudan a atraer energías positivas necesarias para la acción, y favorecen en el individuo las cualidades divinas de la verdad, la sinceridad, la inocencia, la esperanza, la sencillez y el amor puro. El blanco contiene en sí mismo todos los colores; por ello las velas blancas se pueden utilizar a modo de comodín, pues la mayoría de las ceremonias se pueden hacer exclusivamente con este color, para pedir cualquier cosa que necesitemos, desde los aspectos más materiales a los más espirituales. En caso de duda, las velas blancas son las más recomendables.

NEGRO. El negro se relaciona por naturaleza con la noche y la oscuridad, y por extensión con la muerte, que es la «noche» con que termina el «día» del hombre y, por ello, con la pena y la aflicción. El negro representa el mal y los poderes de la oscuridad. Los romanos señalaban sus días afortunados con tiza blanca y los desgraciados con carbón:

eran sus «días negros». En Grecia y Roma los animales negros estaban relacionados con la diosa Tierra y los poderes inferiores, los fantasmas de los muertos y el submundo. El negro es el color de la tierra en la que nos entierran con la muerte. En la alquimia el negro representa también la muerte y la putrefacción. El planeta relacionado con él es Saturno, el anciano de los días. Sin embargo, Saturno tiene excelentes atributos positivos, como estabilidad, sabiduría, control, precaución, justicia, espíritu práctico, fiabilidad

y responsabilidad. Por otro lado, la oscuridad es necesaria para que luego la luz pueda iluminar y ser apreciada en todo su esplendor. En la oscuridad de la tierra es donde tiene lugar la germinación y el comienzo de una nueva vida. En el trabajo con las velas el color negro se usará generalmente para representar o potenciar las cualidades saturnianas. Los atributos negativos de Saturno y del color negro son la depresión, la melancolía, el desaliento, la desesperanza, la tristeza, el pesimismo y el desánimo. Los positivos, la estabilidad, el control, la precaución, la justicia, la paciencia, el espíritu práctico, la responsabilidad y la frugalidad. Las velas negras se usan también con la intención de hacer desaparecer aspectos «negros» o negativos, de forma que, al consumirse la vela se consume lo negativo.

MARRÓN. El marrón es un color asociado también a la tierra, especialmente cuando todavía no se ha sembrado. Guarda poderosas relaciones con el otoño. Es uno de los colores del signo Virgo, el signo natural del Zodiaco en el cual el verano se transmuta en otoño. Es el momento en el que todo empieza a ir más lento como preparación para el sueño invernal. El marrón hace referencia a la solidez y a la seguridad de la tierra y por ello puede ser

utilizado para restaurar la confianza en uno mismo o en la vida. Pero hay que tener cuidado porque en su aspecto negativo podría atraer incertidumbre, así que cuando se use, se debe especificar muy bien lo que se quiere, para que no obtengamos un efecto contrario a la petición. La vela marrón puede ser utilizada también cuando se quiera hacer algo más estable y firme, especialmente en los negocios.

Con los datos mencionados, no será difícil escoger el color de la vela adecuada para un ritual o trabajo particular. Es conveniente siempre tener en cuenta que, a la hora de elegir el color más adecuado para cada ocasión,

deberás tratar de escuchar la voz de la intuición y seguir el impulso que te surja desde tu interior, antes que lo indicado en este libro o en cualquier otro.

La influencia de la luna

En cualquier operación de tipo mágico, y por supuesto también en las que se realicen con velas, es muy importante tener en cuenta la influencia de la luna, utilizando las fases correctas y la ubicación de esta en la esfera zodiacal, según el tipo de ritual que se vaya a celebrar.

Los rituales para asuntos que implican un crecimiento, expansión o desarrollo se deberán realizar en el período en que la luna está creciendo, de la luna nueva a la

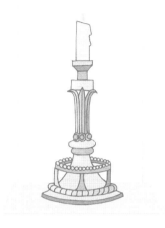

llena, pues al tiempo que la luna crece lo hará también el asunto en cuestión y la fuerza creciente de aquella lo impregnará en todo su desarrollo. Cuanto más cerca esté de la fecha de la luna nueva, mejor, pues a medida que se aproxima a la luna llena sus poderes —en esta fase particular— se van debilitando y preparándose ya para la nueva fase.

Los rituales para asuntos en los que se desea un decrecimiento, una disminución o la eliminación de algo se realizarán durante una luna decreciente, es decir, desde después de la luna llena hasta el cuarto menguante, pues conforme la luna va decreciendo, disminuyendo o «muriendo», así lo hará también aquello que deseas que disminuya y «muera».

No utilices los tres días anteriores a la fecha real de la luna nueva. Este período era denominado por los antiguos «la luna oscura», y durante él las cosas no van bien, e incluso pueden resultar a la inversa; por este motivo es mejor evitarlo.

Muchos creen que otro lapso que es necesario evitar en la mayoría de los casos es el de la propia luna llena, a menos que se esté realizando un ritual que tenga como finalidad la confusión, el desorden o el caos.

La luna llena es un tiempo de perplejidad en el que las cosas pueden parecer distintas a como son en realidad. Desde siempre es bien sabido que la luna llena estimula y agrava muchos de los desórdenes mentales más frecuentes.

CUARTO CRECIENTE. Es el tiempo que transcurre desde la luna nueva hasta llegar al primer cuarto de la luna llena. Este es el momento apropiado para realizar los rituales de curación y de magia positiva, así como los hechizos que aumentan el amor, la buena suerte, el crecimiento de cualquier tipo, el incremento del deseo sexual y de la riqueza.

LUNA LLENA. El lapso de la luna llena aumenta los poderes de percepción extrasensorial y es el momento apropiado para realizar las invocaciones a la diosa lunar, los rituales de la fertilidad, las transformaciones, las conjuraciones de espíritus y los hechizos que aumentan las habilidades psíquicas y los sueños proféticos. De acuerdo con

el antiguo folclore europeo, el poder de la luna llena también puede transformar mágicamente al ser humano en bestia y a la bestia en ser humano.

Cuarto menguante. Es la etapa desde la luna llena hasta el último cuarto de la luna nueva. Es el momento apropiado para realizar magia destructora y hechizos que eliminan las maldiciones, los hechizos y malos deseos, para terminar malas relaciones, invertir hechizos amorosos y afrodisíacos, romper con los malos hábitos y adicciones insalubres, desbaratar influencias negativas y disminuir las fiebres y los dolores.

La luna en Aries. Es el momento ideal para realizar hechizos que impliquen autoridad, liderazgo, poder de la voluntad, empeños guerreros y conversiones espirituales.

También es la fase lunar apropiada para realizar rituales de curación contra malestares en la cara, cabeza o cerebro. Colores tradicionales de las velas: rojo, encarnado, escarlata y borgoña. Metal tradicional: hierro. Espíritus elementales: las salamandras.

LA LUNA EN TAURO. Es la etapa propicia para practicar todo tipo de magia para el amor y para realizar hechizos referentes a bienes inmuebles, adquisiciones de tipo material y dinero. También es la fase lunar apropiada para llevar a cabo rituales que curen malestares de la garganta, cuello u oídos. Colores tradicionales de las velas: todos los tonos de verde, rosa o turquesa. Metal tradicional: cobre. Espíritus elementales: los gnomos.

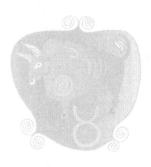

La luna en Géminis. Es la fase perfecta para realizar hechizos que ayuden a la comunicación, cambios de residencia, escritura, actividades de relaciones públicas y viajes. También es la fase lunar apropiada para practicar rituales de curación para malestares en hombros, brazos, manos o pulmones. Colores tradicionales de velas: malva, morado y violeta. Metal tradicional: mercurio. Espíritus elementales: las sílfides.

La luna en Cáncer. Es la mejor época para celebrar rituales que honren a las deidades lunares y lanzar hechizos relacionados con el hogar y con todos los aspectos de la vida en familia. Además, es la fase lunar apropiada para realizar rituales de curación para malestares en el pecho

o en el estómago. Colores tradicionales de velas: plateada, gris y blanco. Metal tradicional: plata. Espíritus elementales: las ondinas.

La luna en Leo. Es el momento ideal para acometer hechizos que impliquen autoridad, poder sobre otros, valor, fertilidad y nacimiento. También es la

fase lunar apropiada para realizar rituales de curación de malestares en la parte superior de la espalda, en la espina dorsal o en el corazón. Colores tradicionales de velas: dorado, amarillo y naranja. Metal tradicional: oro. Espíritus elementales: las salamandras.

LA LUNA EN VIRGO. Es el momento ideal para realizar hechizos que favorezcan aspectos de empleo, asuntos intelectuales, salud y preocupaciones dietéticas. También es la fase lunar apropiada en la que pueden llevarse a cabo rituales de curación para malestares en los intestinos o en el sistema nervioso. Colores tradicionales de velas: azul marino y naranja óxido. Metal tradicional: mercurio. Espíritus elementales: los gnomos.

La luna en Libra. Es la etapa adecuada para realizar hechizos destinados a trabajos en el ámbito artístico, la justicia, pleitos en tribunales, asociaciones y uniones, la estimulación mental y el equilibrio kármico, espiritual o emocional. También es la fase lunar apropiada para hacer rituales de curación de malestares de la parte baja de la espalda o los riñones. Color tradicional de velas: azul. Metal tradicional: cobre. Espíritus elementales: las sílfides.

La luna en Escorpión. Es el momento ideal para realizar hechizos que ayudan en los asuntos sexuales, el poder, el crecimiento psíquico, los secretos y las transformaciones fundamentales. También es la fase lunar apropiada para efectuar los rituales de curación de malestares en los genitales y órganos reproductores. Colores tradicionales de velas: rojo y negro. Metal tradicional: hierro. Espíritus elementales: las ondinas.

LA LUNA EN SAGITARIO. Es el momento ideal para acometer hechizos referentes a los caballos, los viajes, las publicaciones, los asuntos legales, las actividades deportivas y la verdad. Además, es la fase lunar en la que pueden realizarse rituales de curación de malestares en el hígado, los muslos y las caderas. Colores tradicionales de velas: púrpura y azul oscuro. Metal tradicional: estaño. Espíritus elementales: las salamandras.

LA LUNA EN CAPRICORNIO. Es la época más idónea para realizar hechizos que impliquen la organización, la ambición, el reconocimiento, las carreras profesionales y los asuntos de política. También es la fase lunar apropiada para proceder con rituales de curación de malestares en las rodillas, los huesos, la dentadura o la piel. Colores tradicionales de las velas: negro y marrón oscuro. Metal tradicional: el plomo. Espíritus elementales: los gnomos.

La luna en Acuario. Es el momento ideal para realizar hechizos que tengan que ver con la ciencia, la libertad, la expresión creativa, la resolución de problemas, las habilidades extrasensoriales, la amistad y el abandono de los malos hábitos o adicciones insalubres. También es la fase lunar apropiada en la que pueden realizarse rituales de curación de malestares en las pantorrillas, los tobillos o la sangre. Color tradicional de las velas: azul claro. Metal tradicional: el uranio. Espíritus elementales: las sílfides.

LA LUNA EN PISCIS. Es el momento ideal para practicar hechizos que involucren el trabajo con los sueños, la clarividencia, la telepatía, la música y las artes creativas. También es la fase lunar apropiada para realizar rituales de curación de malestares en los pies o en las glándulas linfáticas. Colores tradicionales de las velas: aguamarina y lavanda. Metal tradicional: el estaño. Espíritus elementales: las ondinas.

Los días de la semana

Además de la luna, también se debería tener en cuenta el día de la semana. Cada día tiene un color, un astro y una serie de correspondencias mágicas. No es obligatorio practicar los hechizos en estos días pero si puedes hacerlo, mejor.

DOMINGO. Su astro es el Sol y sus colores, amarillo, oro y anaranjado. Tipo de actividades: salud, carreras, ambición, diversión, drama, ley, promociones, triunfo, metas, financiamientos personales, Dios, los misterios del hombre, los niños o hijos, comprar, especulaciones y ventas.

LUNES. Se le asigna el astro Luna y los colores blanco, plata y gris. Tipo de actividades: psicología, sueños, proyección astral, imaginación, misterios de las mujeres, reencarnación, viajes cortos, mujeres, hijos o niños, el

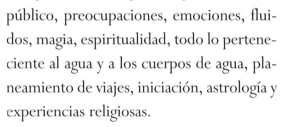

público, preocupaciones, emociones, fluidos, magia, espiritualidad, todo lo perteneciente al agua y a los cuerpos de agua, planeamiento de viajes, iniciación, astrología y experiencias religiosas.

MARTES. Se relaciona con el planeta Marte y con los colores rojo, rosa y anaranjado. Tipo de actividades: pasión, coraje, acción, energía, agresión, sexo, energía física, deportes, actividad muscular, metales, armas, herramientas cortantes, cirugía, policía, soldados, combate, confrontaciones, negocios de compra-venta de animales, elementos mecánicos, reparación de jardines, caza y principios.

MIÉRCOLES. Su planeta es Mercurio y sus colores violeta y plata. Tipo de actividades: sabiduría, curación, comunicación, inteligencia, memoria, educación, llamadas telefónicas, ordenadores, mensajes, estudiantes, mercancía, editar, escribir, vecinos, firmar contratos, críticas, música, artes visuales, contratar empleados, aprender idiomas, astrología, visitar amigos.

JUEVES. Relacionado con el planeta Júpiter y con los colores azul y tonos metálicos. Tipo de actividades: negocios, lógica, problemas sociales, poder político, publicaciones, religión, viajes largos, filosofía, publicidad,

crecimiento, suerte, deportes, expansión, caballos, ley, doctores, psicólogos, caridad, leer, estudiar y buscar.

VIERNES. Su planeta es Venus y sus colores verde, rosa y blanco. Tipo de actividades: amor romántico, belleza, amistad, almas gemelas, mundo artístico, habilidad, armonía, afecto, relaciones, compañeros, alianzas, gracia, actividad social, matrimonios, decoración, cosméticos, regalos, jardines, crecimiento, arquitectura, artistas, estilistas, bailarines, diseñadores, música, citas, pintar, compras y planificación de eventos.

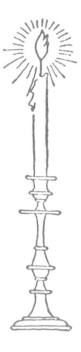

SÁBADO. Se le asigna el planeta Saturno y los colores negro, gris y rojo. Tipo de actividades: protección, neutralización, karma, muerte, manifestación, realidad, normas sociales, límites, obstáculos, pruebas, trabajo difícil, dentistas, huesos, dientes, sacrificio, separación, justicia, matemáticas, testamentos, financiamientos, descubrimientos, transformaciones y relaciones con gente mayor.

Consagración

Todas las velas, las hayas comprado en una tienda o las hayas fabricado tú mismo, deben vestirse antes de usarse. Se conoce como «vestido» al proceso de limpieza y consagración. Para ello necesitarás algún tipo de aceite. Algunos usan aceites especiales como *el aceite de la suerte* o *el aceite del amor*, que se hacen con hierbas, flores y otras sustancias y tienen como base el aceite de oliva u otros aceites vegetales. El animal no se usa normalmente, debido a las impurezas que pueden resultar como consecuencia de la matanza. Pero en realidad *el aceite de la suerte* o *el aceite del amor* no son más que nombres comerciales. Tú mismo puedes hacer los aceites que prefieras o bien

comprarlos en cualquier tienda de artículos de ocultismo o en Internet. En caso de que no tengas acceso a ninguna de estas posibilidades, siempre es posible utilizar aceite de oliva común, o de azafrán. El aceite de maíz es bueno también, especialmente si deseas algún tipo de fertilidad, cosecha o abundancia en tu vida. Todos los aceites deben consagrarse al Ser Supremo antes de ser usados, ya sea que lo llames Dios, Diosa, Poder Universal o cualquier otro nombre que utilices para designarlo.

Si lo que deseas es atraer algo hacia ti, deberás frotar la vela con el aceite en un movimiento desde ambos extremos de la vela hacia el centro. Primero desde arriba hasta el centro y después desde la base hasta el mismo lugar.

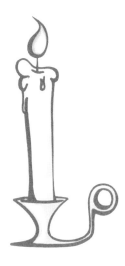

Si lo que deseas es repeler algo, habrás de invertir el movimiento, frotando desde el centro de la vela hasta los extremos. Nunca hagas movimientos hacia atrás y hacia delante, ya que anulan la totalidad del acto.

Cuando hayas completado el proceso, úngete el entrecejo con un poco del aceite restante, y luego el centro del pecho, sobre el esternón. Mientras realizas la consagración de la vela puedes expresar alguna fórmula adecuada como:

Limpio y consagro esta vela en nombre de Dios,
para que se consuma con fuerza al servicio de la Luz.

Seguidamente declara el propósito al que vas a destinar la vela.

Cuando hagas inscripciones en una vela, deberás usar el mismo procedimiento direccional. Para traer cosas hacia ti, escribe desde arriba hasta el centro, y luego desde la base hasta el centro. Si estás repeliendo algo, deberás escribir desde el centro de la vela hasta los extremos.

El lenguaje de las velas

Desde tiempos ancestrales, las características de la llama de las velas —y antes de los candiles— en ciertos momentos

especiales eran consideradas presagios e indicios claros de acontecimientos que de otro modo hubiera sido imposible saber. Estos conocimientos, por muchos considerados meras supersticiones, forman parte del folclore de todos los pueblos de la tierra. En general podemos decir que cuando la llama se muestra clara, brillante, nítida y de un tamaño normal o mayor de lo normal, es sinónimo de buen augurio y nos indica que el asunto consultado o que el tema que nos interesa va por buen camino y que las cosas se están desarrollando bien. Cuanto mayor, más clara y tranquila se muestre la llama, mejor será el pronóstico o la indicación que nos está transmitiendo.

Sin embargo, una llama pobre, baja y temblorosa presagiará dificultades, sufrimientos, demoras, problemas o enfermedad, según sea el tema que nos interesa.

Cuando la vela chisporrotea o muestra una inquietud anormal, nos estará indicando violencia, pasiones negativas y tal vez incluso un odio que puede causar o generar consecuencias físicas perniciosas. Si la vela llora anormalmente, es señal de tristeza y penas.

El humo oscuro es otro indicio negativo. Viene a indicar sufrimientos, maldad, vicios, engaños o fingimientos. Y cuando la vela se apaga estamos ante una clara indicación de fatal desenlace.

La siguiente relación puede servir de guía.

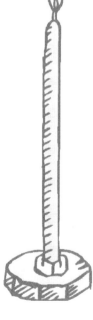

ABANDONO: la llama arde con debilidad y frecuentemente se apaga.

ACEPTACIÓN: la llama es nítida y crece.

ACIERTO: es limpia y aumenta de tamaño.

AGRESIÓN: la llama chisporrotea y a veces desprende humo oscuro.

AMBICIÓN: la llama dobla su tamaño.

AMISTAD: arde bien. La llama es clara y se agranda si ese sentimiento va a ser duradero.

AMOR: prende sin problemas al primer intento. Será nítida y ascenderá con fuerza si el amor va a ser correspondido.

ANGUSTIA: la vela llora, desprende humo oscuro o puede chisporrotear.

ANIMALES: antiguamente, cuando un animal se ponía enfermo, se encendía en el establo una vela consagrada el día de San Antonio Abad. Si se apagaba antes de haberse consumido completamente, era un indicio de que el animal moriría.

APROBACIÓN: la llama es clara y crece en sentido ascendente.

AVARICIA: chisporrotea, se consume rápidamente y en la punta de la mecha se acumulan unas bolitas de grasa. Puede dar vueltas en forma de espiral.

BODA: prende sin problemas, dobla su tamaño nítidamente

e incluso se llega a observar un tono más brillante en el extremo.

BONDAD: la llama es clara y crece. En el centro adquiere una coloración azulada.

BUENA SALUD: llama nítida que aumenta de tamaño.

CAMBIO: la llama es nítida y crece si el cambio es para bien.

CÁRCEL: suelta humo negro. La vela llora y puede llegar a apagarse.

COMPRA: cuando anuncia una buena adquisición, la llama es clara, limpia y creciente.

CONFIRMAR: la llama es resplandeciente y doblará su dimensión rápidamente.

CURACIÓN: es limpia, prende a la primera y crece.

DEMORA: arde con debilidad, llegando incluso a disminuir de tamaño.

DESCONFIANZA: puede chisporrotear o desprender humo. En ocasiones, se moverá en forma de espiral.

DESGRACIA: la llama llora, suelta humo negro o chispas.

DESILUSIÓN: cuando el fuego de la vela chisporrotea, es indicio de una próxima desilusión.

DISMINUCIÓN: la llama mengua su tamaño. Si se apagase, significaría que se producirán pérdidas importantes.

DOBLEZ: baja y oscilante.

DOLOR: la vela llora, desprende humo oscuro o chisporrotea.

EMBARAZO: la llama dobla su tamaño y adquiere una tonalidad más brillante.

ENFERMEDAD: llora, desprende humo oscuro o chisporrotea.

ENGAÑO: desprende humo oscuro, da vueltas en espiral, chisporrotea y en ocasiones se apaga.

ESPÍRITUS: siempre se ha creído que si la llama de la vela se alargaba mucho, había un espíritu positivo en la habitación.

EXAMEN: si el resultado es bueno, la llama crece brillante.

ÉXITO: cuando la punta de la mecha, de donde nace la llama, se pone brillante, es indicio de éxito. Si este brillo dura mucho tiempo el éxito será prolongado,

pero si se desvanece pronto, será de corta duración. Si la llama arde lentamente y es de corta altura nos indica que nuestros proyectos actuales no se verán coronados por el éxito.

FAMA: la llama aumenta sus dimensiones y es muy clara.

FAVOR OBTENIDO: crece nítidamente.

FELICIDAD: dobla su magnitud y el final de la mecha adquiere un tono más brillante.

FINGIMIENTO: desprende humo oscuro, chisporrotea e incluso se apaga.

HALLAZGO: el fuego es limpio, claro y crece en sentido ascendente.

HERENCIA: la llama prenderá al primer intento, crecerá nítida y doblará su tamaño.

INDECISIÓN: arde con debilidad y oscila.

INDISCRECIÓN: desprende humo negro o chisporrotea.

INEFICACIA: arde lánguidamente y a veces se extingue.

INFERTILIDAD: puede no prender a la primera, la llama se queda excesivamente baja y con frecuencia se apaga.

INFIDELIDAD: la vela llora, chisporrotea o desprende humo negro.

INSOLVENCIA: arde débil y a menudo se apaga.

JUICIO: cuando anuncia resultados felices crece nítidamente.

LOGRO: es nítida y se amplía, si el asunto va a lograrse.

LONGEVIDAD: la llama dobla su tamaño y es nítida.

LOTERÍA: si se consigue un premio la llama aumenta de volumen en sentido ascendente de forma muy rápida.

LUTO: el extremo de la mecha acumula grasa. La vela se extingue anunciando una muerte cercana. También puede llorar o desprender humo negro.

MALDAD: chisporrotea, suelta humo oscuro y oscila.

MATRIMONIO: tradicionalmente se creía que si en la ceremonia se apagaba una vela del altar, el matrimonio acabaría mal.

MENTIRA: la llama echa chispas o desprende mucho humo oscuro.

MIEDO: los mismos indicios.

NACIMIENTO: el fuego aumenta, y es claro y brillante.

ODIO: desprende chispas y humo negro.

PACIENCIA: la llama se quema nítidamente y con brillo pero no aumenta de tamaño.

PELIGRO: la llama chisporrotea, la vela llora o desprende humo negro e incluso puede extinguirse. Cuando la llama mengua y crece repetidas veces también se considera que nos está indicando un peligro.

PENURIAS: arde con debilidad y en ocasiones se apaga.

PÉRDIDA ECONÓMICA: la vela llorará o desprenderá chispas.

PÉRDIDA: desprende humo negro, disminuye su tamaño y puede apagarse.

PERDÓN: la llama es nítida y aumenta de dimensión.

PERECER: el extremo de la mecha acumula grasa. La vela se apaga o llora.

PLEITOS, PELEAS: chisporrotea, desprende humo negro o se extingue.

ROBO: la llama desprende chispas, humo negro o se mueve formando una espiral.

SALUD: para conocer el estado de salud de una persona ausente, se prende una vela blanca en la que se ha escrito antes su nombre. Tras recitar una oración se observa detenidamente la llama. Si esta es fuerte y serena, la salud de la persona es buena. Si es débil o inquieta, indica enfermedad o trastorno físico. Si la llama se apaga, el presagio es muy malo.

SECRETO: la llama arde muy baja.

SUICIDIO: la vela llora y se apaga.

TORMENTAS Y LLUVIAS: los campesinos franceses creían que cuando la vela no se encendía, estaba llegando una tormenta. Y si la llama de la vela chisporroteaba, significaba que seguidamente caerían rayos. Por otro lado, si una vela encendida se consumía sin gotear cera, significaba la llegada de un período de sequía.

TRABAJO: si la llama asciende nítidamente, va a conseguirse el empleo.

TRAICIÓN: si la llama de la vela se mueve en forma de espiral o dando continuas vueltas, nos estará indicando que tengamos cuidado con algunas personas de nuestro entorno porque nos pueden traicionar.

TRISTEZA: es baja y en ocasiones llora.

VENGANZA: con humo oscuro y chisporrotea.

VICIO: mucho humo oscuro o chisporroteos.

IV

LO ESENCIAL

El inmenso poder del subconsciente

Más allá de la mente consciente, que es la que estás utilizando para leer estas líneas y la que todos empleamos habitualmente en nuestros quehaceres diarios, existe una parte de nosotros mismos de la cual no nos solemos percatar, y que se ha dado en llamar mente subconsciente. Según afirman distintas corrientes filosóficas desde hace cientos, e incluso miles de años, esa parte de nosotros lo sabe todo, lo conoce todo y por lo tanto lo puede predecir todo. El tiempo y el espacio no tienen sobre ella el mismo rígido dominio que ejercen sobre nuestro cuerpo o sobre nuestra mente consciente. Según el psicólogo

suizo Carl Gustav Jung, la mente subconsciente se halla en contacto permanente con el subconsciente colectivo: un vasto depósito donde se acumulan todos los conocimientos, toda la sabiduría y todas las experiencias de la humanidad, desde los primeros pobladores de esta tierra hasta nuestros días. La sosegada contemplación de la luz de una vela puede sacar a la superficie y traer a la conciencia conocimientos a los que usualmente no tenemos acceso, pues los seres humanos hemos sido concebidos de forma que entre la mente consciente y la subconsciente existe una barrera bastante difícil de franquear. Además, el tipo de vida occidental, totalmente volcado hacia el exterior y que desprecia las tenues señales que usualmente nos llegan del lado subconsciente (en forma de sueños, premoniciones, intuiciones, etc.), no ha hecho sino reforzar infinitamente dicha barrera. Pero el hecho es que esos conocimientos subconscientes están ahí, muchas veces diríase que pujando por salir, tan solo a la espera de que aquietemos la mente consciente, nos apartemos por un momento del mundanal ruido y miremos, aunque sea tímidamente, hacia nuestro interior. Y las velas son un instrumento muy útil para facilitar el afloramiento de dichos conocimientos.

Todo cuanto en la tierra existe tiene su etérea contraparte encima de la tierra; y nada hay en el mundo, por

insignificante que parezca, que no dependa de algo superior. Y lo maravilloso es que cuando lo inferior actúa en la forma debida, su correspondiente parte superior, que lo preside, reaccionará a ello y actuará a su vez.

Este es el principio de toda la magia, representado por la frase de la Tabla Esmerada «Como es arriba es abajo». Si diriges con tu mente consciente la luz de una vela para que ilumine, ayude, guíe o cure a otra persona, siempre que realices ese acto debidamente, ten por seguro que la Luz Primordial, esa Luz que no es de este mundo, responderá a esa sugerencia tuya e iluminará, ayudará, guiará o curará a la persona en cuestión. Naturalmente, no puedes dirigir esa Luz con tu mente consciente, sin

embargo, tu trabajo consciente realizado adecuadamente pondrá en marcha las fuerzas subconscientes, que sí tienen contacto y acceso a la Luz Primordial.

Como ser humano, eres mucho más poderoso de lo que imaginas, pues tienes la capacidad de crear utilizando el poder de tu mente subconsciente. Tu capacidad de crear es vasta e ilimitada. De hecho, ese poder ya está actuando, solo que de una forma descontrolada, pues tú no eres consciente de él. Ahora bien, de ti depende dejar que siga trabajando sin supervisión, posiblemente haciéndote daño a ti y a los demás. La magia no es otra cosa que entender y controlar dicho poder, que instruir a la mente subconsciente y usar su inmenso potencial. Esta es la clave de todo. Solo tienes que enfocar tu mente consciente sobre la luz de la vela, de forma que tu subconsciente reciba el estímulo necesario para ponerse en funcionamiento. Parece fácil, pero es un camino que no está exento de peligros. Por ello es importante que leas y sigas los sencillos pasos que te indicamos a continuación.

Principios básicos

Ya uses las velas con una finalidad devocional, meditativa o mágica, es siempre conveniente que tengas en cuenta lo que sigue:

1.º Deberás tener claro el motivo por el cual vas a utilizar las velas. Muchos rituales no logran la finalidad para la

que fueron realizados simplemente porque esta no estaba clara en la mente del oficiante. Recuerda siempre que estás trabajando con la mente consciente a fin de lograr unos resultados a través de la subconsciente. Si tu mente se halla en un estado de confusión, es poco probable que consigas algo satisfactorio. Deberás afrontar todas las dudas y todos los miedos uno a uno y sustituirlos por pensamientos positivos. Cuando realices el ritual con las velas, deberás saber exacta y claramente qué es lo que quieres, y además deberás estar seguro de que vas a lograr el éxito. La mente tendrá que estar tranquila y totalmente segura de que vas a lograr el éxito. Solo así recibirá el subconsciente la sugestión que necesita para ponerse a actuar.

Lamentablemente no se le pueden dar órdenes directas. Solo atiende a sugestiones indirectas, pero que deben ser claras y positivas.

2.º Asegúrate de que el acto que vas a realizar es para el mayor bien de todos los implicados. Cualquier operación que pueda perjudicar a alguien está totalmente prohibida y sus resultados nefastos revertirán inevitablemente sobre la persona que la realice, aunque multiplicados. Algunos consideran que, incluso para beneficiar a otros, es imprescindible obtener antes el consentimiento de dichas personas. Yo opino que una simple oración antes de empezar, pidiendo protección para ti y para todos los implicados, es suficiente.

3.º Planificación y preparación del ritual. La intención y la finalidad del ritual dictarán la forma que este debe tomar y los instrumentos necesarios. Por ejemplo, ¿cuántas velas usarás?, ¿de qué color?, ¿cuál será el mejor momento?... Hacer una lista antes de empezar es una buena idea, a fin de tenerlo todo preparado en

su momento. Las personas muy versadas en las artes mágicas consideran que, además del color de las velas que se van a utilizar, es de vital importancia elegir escrupulosamente la fecha y hora en que se realizará el ritual, al igual que el planeta, el signo astrológico, el arcángel protector y su sello, el color de la ropa del oficiante, el perfume que se empleará e incluso la orientación exacta en la que se habrá de realizar el acto. Sin duda, cuanto mayor sea la preparación y más trabajo se realice en ella, mayor fuerza tendrá la sugestión recibida por el subconsciente. Sin embargo, en mi opinión puedes realizar un ritual efectivo con mucha mayor sencillez, siempre que sigas los pasos que te indico. Tan solo será necesario limpiar la mente antes, realizando una pequeña relajación para liberarte de los pensamientos que la hayan estado ocupando, así como del monólogo interior. No es bueno

llevar a cabo una operación mágica con velas si estás distraído, disgustado o si te sientes mal físicamente. No es probable que un ritual tenga éxito si tu mente está llena de pensamientos acerca de tu vida cotidiana. Es de vital importancia que dediques unos momentos a relajarte y a apartar todos los pensamientos que no estén relacionados con la intención de tu ritual. Al mismo tiempo, todo lo que ayude a crear un ambiente de paz y tranquilidad será positivo. Incienso, luz tenue, música agradable y suave, un vaso de cristal

transparente con agua o cualquier otra ayuda que contribuya a relajarte y darte seguridad será valiosa.

4.º La ejecución. Tras haber establecido claramente lo que estás a punto de hacer, cómo vas a hacerlo y por qué lo vas a hacer, la ejecución del ritual debería ser un acontecimiento relajado y feliz, libre de pensamientos negativos, de dudas y de problemas derivados de la falta de planificación. Si surge algún imprevisto, no te asustes, evalúa la situación y observa si vale la pena seguir adelante o bien dejarlo para una ocasión más propicia. En todo momento procura siempre estar muy atento a las señales e indicios que te puedan llegar desde tu interior. Ese conocimiento directo es el más valioso y real.

5.º Da las gracias. Una vez concluida la meditación, la petición de ayuda, la visualización o el trabajo que sea, deberás apagar la vela y seguidamente elevar una oración de agradecimiento.

Consejos prácticos

1. Cuando se trate de peticiones o de trabajos diferentes, es aconsejable utilizar en cada ocasión una vela distinta. Dicho de otro modo, no es lícito emplear la misma vela para obtener diferentes gracias o auxilios. Cada ceremonial requiere una vela propia, aunque casualmente los colores indicados sean los mismos.

2. La forma de la vela no es relevante. Su apariencia externa no es determinante en lo que al éxito de la ceremonia se refiere, ya que este dependerá más concretamente de tu entrega, recogimiento y concentración.

3. Se aconseja prender la vela con una cerilla de madera y apagarla ahogando la llama en el interior de un vaso o con un dispositivo existente a este efecto. No es bueno apagarla con los dedos, y mucho menos soplando.

4. De la misma forma que para nuestras actividades profanas –lectura, televisión, trabajo, etc.– solemos disponer de una estancia adecuada para tales menesteres, es conveniente realizar el trabajo con las velas en un lugar propicio, lo más alejado que se pueda del ruido y que estimule el recogimiento. Se puede practicar el ritual en un altar más o menos improvisado, que puede ser cualquier mesa o superficie plana sobre la que se depositarán los elementos físicos que se van a usar. En caso de que dicha mesa o superficie tenga normalmente otros usos, deberá cubrirse con un paño o tela, a fin de proteger el magnetismo al que posteriormente será expuesta. Sería recomendable una tela de algodón u otra fibra natural, que se utilizara solo para este menester. Si en el momento de iniciar la ceremonia echamos en falta una vela de un color determinado, siempre podemos recurrir a una blanca. Sin embargo, una vela blanca nunca se podrá sustituir por una de color.

5. Una vez que hayas terminado, recoge los utensilios. Si estás utilizando un altar temporal, deberás guardar todo lo que hayas usado. Los motivos para ello son dos. Por un lado, nunca es bueno dejar estas cosas a la vista de otras personas, y por otro, el hecho de recoger los implementos y guardarlos actúa como un cierre, es un «volver a la realidad».

V

RITUALES Y HECHIZOS POPULARES CON VELAS

PARA LIBRARSE DEL MAL DE OJO

Coge tres velas de cera blanca, colócalas formando un triángulo pequeño y sitúa en el centro una cabeza de ajos. Deja que se quemen totalmente las tres velas y luego entierra la cabeza de ajos lejos de tu casa. Repite la operación cada viernes, al menos durante un mes.

HECHIZO PARA ATRAER EL DINERO

Toma un billete de curso legal nuevo y deja caer en las cuatro esquinas y en el centro un poco de cera derretida de una vela verde que previamente hayas encendido. En cada esquina, sobre la cera todavía caliente, pondrás un poquito de tomillo y en el centro del billete dos hojas de laurel fresco cruzadas en forma de aspa.

Enrolla el billete y alrededor de él ata una cinta de seda verde. Luego lo pones donde se guarde el dinero; si es un negocio, en la caja, y si fuera tu casa, en el bolso o en el sitio donde tengas habitualmente el dinero. Es bueno hacerlo cuando la luna esté en cuarto creciente.

HECHIZO PARA HACER QUE SE CUMPLA CUALQUIER DESEO

Para lograr que se cumpla cualquier deseo positivo, tomarás una aguja de coser, un trozo de hilo rojo, un pañuelo blanco, un poco de tu incienso favorito y una vela blanca. Enciende la vela y el incienso en la medianoche de la luna llena. Pasa el pañuelo sobre el humo del incienso y piensa en aquello que deseas ver realizado. Con el hilo rojo, borda cualquier diseño sobre el pañuelo, mientras dices: «Con cada punto bordo este encanto. Con este hilo mi hechizo fijo. Que mi deseo sea conmigo mientras este conjuro digo». Repite el encantamiento tres veces, apaga la vela y el incienso, deja el pañuelo bajo la almohada y espera un sueño profético relativo a tu deseo. Si es necesario, repite el hechizo el siguiente mes lunar.

RITUALES FÁCILES PARA PENSAR CLARAMENTE

Si se acerca un examen importante que tienes que aprobar, o algún trabajo intelectual que debas realizar, lo siguiente te ayudará a estudiar, memorizar y tener la mente clara:

- Unta una vela amarilla con un poco de aceite de lavanda y de oliva, luego perfúmate con una gota de cada aceite en las sienes.
- Ponte una pluma blanca, amarilla o azul en el pelo.
- Enciende incienso de salvia y pasa un lápiz o bolígrafo por el humo. A continuación, cierra los ojos un instante e invoca a tu ángel para que te ayude en esta tarea. Después abre los ojos y trabaja. Utiliza la vela como punto focal de tu resolución. Tu mente va a ser tan clara y brillante como esa llama.
- Al mismo tiempo puedes usar alguna de estas cartas del tarot como talismán: el Mago, el as de espadas o el cuatro de espadas.

PARA MEJORAR LA COMUNICACIÓN
CON UNA PERSONA CERCANA

A menudo los conflictos en las relaciones humanas son causados por problemas de comunicación. Para solucionar algún problema de este tipo enciende dos velas blancas mientras piensas en ese amigo o familiar con el que estás enemistado. Imagina que una llama de luz protectora rodea a la persona en cuestión y otra llama igual te rodea a ti. Luego visualiza cómo ambas llamas se acercan una a la otra y se convierten en una sola, muy brillante, que os contiene a ambos en su interior. Después quédate en paz durante un instante y recita una oración para dar las gracias. A partir de ese momento, no trates de hablar con la otra persona, pero estate atento a ella, pues con toda seguridad realizará algún movimiento de acercamiento.

ANTIGUO HECHIZO PARA ATRAER
EL AMOR A TU VIDA

Necesitarás una vela rosada, una cucharadita de almendra en polvo y otra de agua de rosas. Durante la noche que precede a la luna llena, enciende la vela y relájate. Unta la base de la vela con el polvo de almendras y el agua de rosas, diciendo: «Cálida vela rosada, trae amor a mi morada. Almendras que rodean tu llama, apuntad al corazón de quien me ama. Rosas fragantes, cumplid mis deseos al instante». Mira la llama durante un momento sin pensar en nada especial e intenta desenfocar la vista. Si no lo consigues no te preocupes, simplemente mira la llama manteniendo la mente vacía. Es probable que percibas la imagen de un nuevo amor en el fuego o quizás alguna idea extraña o alguna persona te venga en ese momento a la mente. Permite que la vela se consuma totalmente y espera al menos un mes lunar para repetir el hechizo.

HECHIZO PARA CURAR EL PIE DE ATLETA

Pon al fuego un litro de agua y agrégale treinta gotas de aceite de romero. O bien hierve durante tres minutos un puñado de hojas de este arbusto. Luego enciende una vela roja y remoja durante diez minutos los pies en el agua caliente. Mientras lo haces visualiza cómo los hongos van desapareciendo del mismo modo que la cera de la vela se va consumiendo. Al terminar sécate los pies, tira el agua en el desagüe y apaga la vela. Deberás realizar este procedimiento dos veces al día durante cinco días, siempre con la misma vela.

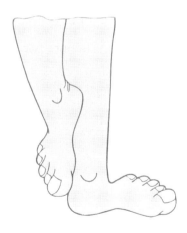

BAÑO LIMPIADOR DE LAVANDA

Este hechizo te servirá para refrescar y limpiar tu cuerpo y tu mente. Comienza trazando un círculo en tu cuarto de baño e invocando a los cuatro elementos para que te protejan y te ayuden, después enciende una vela color lavanda y, en un saquito de muselina, mezcla una cucharadita de flores de lavanda, otra de flores de manzanilla y una última de romero seco triturado. Cuelga el saquito bajo el grifo y, dejando correr el agua a través de él, llena la bañera. Luego agrega al agua media taza de zumo de limón, báñate relajadamente y, realizando tres respiraciones profundas, elimina toda la tensión y el estrés que haya en tu cuerpo. Siente cómo las hierbas y el limón penetran en tu organismo y llenan tu mente. Sal de la bañera, sécate, recita una oración dando las gracias y apaga la vela. Finalmente, limpia bien la bañera para eliminar cualquier resto de energía negativa.

HECHIZO CON EL TAROT PARA
LOGRAR UN NUEVO AMOR

Para atraer un nuevo amor a tu vida, unta una vela rosada con aceite de rosas y luego un poco en ti mismo. Coloca frente a la vela un cuarzo rosa y, de izquierda a derecha, pon frente al cuarzo el as de copas, la sota de copas y la carta de los Enamorados o los Amantes. Concéntrate en tu respiración, enciende la vela y di tres veces: «Dulce amor, ven a mí. Alza tu velo, pues te quiero ver a ti». Teniendo mucho cuidado de no pensar en nadie en particular, imagina el suave y romántico comenzar de un nuevo amor. Después de quince minutos, apaga la vela y vete. Este hechizo debe comenzarse el primer viernes posterior a la luna llena y llevarse a cabo cada noche hasta la luna nueva, dejando que la vela se consuma por completo durante la última noche.

OTRO HECHIZO PARA ATRAER AMOR

Para esta vieja técnica de enamoramiento hacen falta tres velas de distintos colores pero de igual tamaño y un retrato de la persona amada (en su defecto se puede usar alguno de sus objetos personales). En una de las velas se marcará la inicial de la persona que realiza el rito con un cuchillo o similar; en otra, la inicial de la persona amada, y en la tercera no se marcará nada. Una vez están las velas marcadas se hará un triángulo con una vela en cada vértice, de modo que la vela no marcada apunte al norte, la del «practicante» al oeste y la del «amado/a» al este. Una vez hecho esto colocaremos el retrato del «amado/a» en el centro del triángulo apuntando hacia el norte (vela no marcada) y procederemos a encender las tres velas, empezando por la del norte y acabando por la del oeste. Cuando las tres se hayan consumido completamente, retiraremos el retrato y el hechizo habrá sido realizado.

PARA TENER UN BUEN VIAJE

En víspera de iniciar un viaje que se presenta con dificultades o peligros, harás un círculo con granos de café y en su interior pondrás cuatro velas de color malva; entre ellas colocarás tres velas azules si eres hombre o tres rojas si eres mujer. Y en el centro una vela dorada en la que grabarás la palabra «VIAJE».

Las velas se tienen que quemar hasta la mitad. Cuando lleguen a ese punto, las apagas y las pones en una bolsita de tela blanca con una hoja de helecho, una moneda de cobre y una pluma de ave de color blanco. Cierras la bolsita con hilo blanco y la metes en tu equipaje. Al final del viaje, cuando vuelvas, recita una oración dando las gracias y tira la bolsa a la basura.

OTRO HECHIZO PARA QUE SE CUMPLA CUALQUIER DESEO

Para lograr que cualquier deseo se cumpla, siempre que sea justo y no perjudique a nadie, visualízate haciendo aquello que desearías hacer. Después enciende una vela muy pequeña y entona nueve veces la siguiente frase: «Hay una cosa que deseo, una cosa que para mí quiero y es...». Seguidamente continúa con la visualización de la manera más vívida y detallada que seas capaz. Después apaga la vela con los dedos y siente cómo la energía de la llama se esparce por el universo llevándose con ella tu deseo. Visualiza cómo dicha energía se va condensando en los planos más elevados de la existencia hasta que, finalmente, llega a materializarse en el mundo físico. Luego, pronuncia una oración para dar las gracias y deja ya de pensar en ese asunto.

RITUAL PARA INCREMENTAR LA FUERZA Y LA RESISTENCIA FÍSICA

Durante la noche anterior a la realización de cualquier actividad que requiera mucha resistencia física —como, por ejemplo, correr un maratón—, enciende una vela blanca y otra roja. Concéntrate en la llama de la vela roja y siente cómo su energía llena tu cuerpo de fuerza y resistencia. Después enfoca tu atención en la blanca y siente cómo el poder de la llama hace que la calma invada tu mente. Al día siguiente, durante el evento atlético, recuer-

da lo que las llamas te hicieron sentir y mantendrás la calma, la concentración y la resistencia. Este tipo de rituales aumentan los resultados, pero naturalmente nunca podrán sustituir al entrenamiento físico adecuado.

PARA LOGRAR UN ACERCAMIENTO CON EL SER AMADO

Si deseas lograr una mayor cercanía con tu amor, deberás poner un cuarzo rosado en un vaso transparente con agua y dejarlo reposar a la luz de la luna llena o del cuarto creciente durante algunas horas. Luego vacía la mitad del agua en un plato hondo y deja la otra mitad en el vaso. Coloca una vela de color azul pálido en el plato y enciéndela. Pon frente a la vela algunas fotografías tuyas con la persona amada y, en un papel blanco, escribe vuestros nombres entrelazados dentro de un corazón. Después moja el papel con el agua del plato y recita una oración manifestando tu deseo de cercanía. Seguidamente bebe el agua del vaso y deja la vela encendida hasta que el agua del plato la apague.

PARA LAS MUJERES QUE DESEEN CONOCER ALGÚN RASGO DEL QUE SERÁ EL HOMBRE DE SU VIDA

Para conocer algo de tu futuro amor deberás guardar la cera que se escurre de las velas que hayas utilizado para otros menesteres —iluminación, rituales o peticiones mágicas— y derretirla en un recipiente. Cuando esté totalmente líquida viértela en un plato con agua fría. Al solidificarse formará un diseño irrepetible. Enciende una vela amarilla y siéntate frente a esa forma en calma y con la mente en blanco. Seguidamente realiza tres respiraciones profundas. Luego mira dicha forma sin pensar en nada y, si eres capaz, desenfocando la vista. Deja volar la imaginación libremente y observa la figura de cera como haces cuando buscas dibujos en las nubes. Pronto alguna forma

reconocible surgirá ante ti. Es posible que sea la forma de un objeto totalmente extraño o insospechado. Sin embargo, te revelará algo relativo a tu futuro amor. Un marinero puede aparecer representado por un ancla, un pescador por un pez o un empleado de banco por un fajo de billetes. Este hechizo no llevará a tu futuro amor hasta la puerta de tu casa, pero sí puede darte algunas pistas que en su momento te serán de mucha utilidad, pues pueden ayudarte a discernir entre una persona y otra. Para terminar, apaga la vela y pronuncia una oración dando las gracias, cualquiera que haya sido el resultado del experimento.

CONSULTA A TU YO SUPERIOR
SOBRE ALGÚN PROBLEMA

Para este ritual necesitarás los siguientes objetos: un lápiz, una hoja de papel, una vela blanca, un encendedor, un platillo metálico y un espejo. Siéntate en un lugar tranquilo donde no vayas a ser molestado. Pon el espejo sobre una mesa o mueble, de manera que puedas observar tu rostro en él. Enciende la vela, ponla entre tú y el espejo y observa la llama durante unos minutos con la mente en calma. Visualiza tu propia imagen tras la llama e imagina cómo poco a poco vas envejeciendo; reconócete en esa imagen, que es tu Yo Superior. Hazle la pregunta que ya tienes preparada acerca del problema que te preocupa y escucha con atención. La respuesta te llegará a través de tu conciencia. Recibe el sabio consejo espiritual y escribe tu promesa de seguir las recomendaciones recibidas. Después enciende el papel con la llama de la vela mientras recitas una oración. Permite que el papel se consuma totalmente y después ofrece las cenizas al viento del sur.

PARA LOGRAR UN ASCENSO

Para efectuar este ritual necesitarás tres velas de distinta altura. La más larga será de color rojo; la mediana, amarilla, y la más pequeña, blanca. Anota en tres papeles distintos tu nombre completo y pon uno debajo de cada vela. Ordena todos los elementos en una mesa, colocando las velas de la siguiente forma: la roja en el extremo izquierdo, la amarilla en el centro y a la derecha la blanca. Dispersa alrededor de las velas un puñado de arroz. Luego enciende la blanca y di en voz alta: «Solo pido que se me entregue lo que merezco. Júpiter, recompénsame por mis esfuerzos». Enciende la vela amarilla y repite: «Que la confianza sea depositada en mi persona». A continuación enciende la última vela y deja a las tres arder durante siete minutos. Apágalas sin soplar, ahogando la llama con un recipiente o con el apagador. Repite este ritual todos los días hasta que se consuma por completo la vela blanca. El ascenso no tardará en llegar.

PARA RECIBIR UNA DECLARACIÓN

Si deseas que la persona elegida se te declare, invítala a cenar. Enciende un incienso de almizcle antes de que llegue y perfuma el ambiente con unas gotas de tu esencia preferida rociando las cortinas del comedor. Durante la velada, ilumina la habitación con dos velas de color rosa pasadas previamente por azúcar y colocadas en dos candelabros. En el fondo del candelabro inserta un papel en el que hayas escrito tu nombre y el del invitado de la siguiente manera: primero escribe el nombre de la otra persona y encima, el tuyo. Mientras cenáis, las velas tienen que arder. La persona amada se rendirá ante tus encantos. El día más indicado para organizar este encuentro será el viernes. No compres comida preparada. Cocina tú aunque sea un plato muy sencillo. Cocina lo que mejor sepas hacer ¡pero hazlo con amor!

PARA TENER ABUNDANCIA ECONÓMICA

Presta atención a todo billete que llegue a tus manos. Si en algún momento encuentras uno cuya numeración sea capicúa, la Diosa Fortuna te habrá tocado con la varita mágica. Deja este billete durante tres días y tres noches dentro de un objeto dorado. Puede ser una prenda, un pañuelo, una caja, etc. El domingo siguiente ponlo debajo de un platito sobre el que colocarás una vela amarilla, naranja o dorada. Enciéndela y deja que se queme totalmente. Luego guarda el billete en tu billetera y no lo gastes por ningún motivo. Pronto comenzarás a notar que tu economía mejora. Si lo gastaras, procura que no sea en medicamentos, alimentos o cualquier artículo de primera necesidad. Trata de usarlo para comprar un regalo, una planta, un elemento decorativo o para pagar un

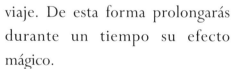

viaje. De esta forma prolongarás durante un tiempo su efecto mágico.

RITUAL MÁGICO PARA RECONQUISTAR UN AMOR PERDIDO

Velas que se van a utilizar: una amarilla, una blanca y una roja. También una imagen de san Antonio. Momento y frecuencia del ritual: una vez por semana, con el cambio de luna. Oración: «¡Oh, espíritus del fuego, del aire, de la tierra y del agua!, dadme vuestras cualidades más destacadas para hacer que… (nombre de la persona que se desea reconquistar) vuelva a amarme. Que así sea». Repítelo tres veces.

PARA VENCER LA TIMIDEZ EN EL AMOR

Usarás una vela roja, una rosada y una blanca con esencia de jazmín. En caso de no disponer de ella las perfumarás externamente con dicha esencia. Las prenderás el viernes por la noche cada semana hasta lograr el propósito deseado. Deberás repetir diez veces la siguiente oración: «Deseo amar y ser amado/a sin trabas ni limitaciones. Deseo soltarme y dejarme llevar por la pasión del amor».

RITUALES PARA INCREMENTAR LAS VENTAS EN LOS NEGOCIOS

Las velas más apropiadas son las de canela, las doradas, las verdes o las de oro y plata. Es necesario ungirlas con esencia de canela y colocarles por debajo un imán.

OTRO RITUAL PARA EL AMOR

Escribe de arriba hacia abajo tu nombre seguido del apellido de tu pareja. Luego escribe horizontalmente el nombre de tu pareja seguido de tu apellido, de manera que se forme una cruz por la mitad de lo escrito. En otro lugar de la vela escribe «Gracias Padre», como si el Ser superior ya te hubiera concedido la petición. Si no tienes pareja se escribe «mi pareja ideal». Ungirás la parte superior de la vela con canela en polvo y la parte inferior con miel de abejas. Además, esparcirás esencia de rosas o de jazmín. El día adecuado es el viernes.

RITUAL PARA AYUDAR A ALGUIEN
A SALIR DE LA DEPRESIÓN

La colaboración de las personas que rodean al enfermo es muy importante para ayudar a que desaparezca una depresión, dándole ánimo y transmitiéndole energía y buenas vibraciones a fin de ayudarle a luchar contra esa actitud mental y emocional negativa. Además de esta ayuda directa que es fundamental, puedes colaborar desde tu casa para pedir su curación, mediante el envío de una energía muy especial, con la magia de las velas. Por la tarde, a la hora en que comienza a anochecer y durante seis días, debes encender una vela de color amarillo en la

que habrás escrito con la ayuda de un punzón o algún tipo de rotulador, de forma que quede marcado sobre la cera, el nombre de la persona por la que haces el ritual (en este caso el nombre de la persona enferma o deprimida). Cuando enciendas la vela, la tomas con la mano derecha, cierras los ojos y piensas con todas tus fuerzas en esa persona a la que estás deseando ayudar. Extiendes la mano y el brazo izquierdo en posición de pedir, mientras haces seis círculos con la vela por delante de la frente con la mano derecha, repitiendo mentalmente en cada círculo que hagas: «¡Mi voluntad es que la alegría y la felicidad vuelvan a brillar en la mente de...!». Luego dejas la vela sobre el candelabro o palmatoria para que se consuma hasta el final. Este ritual admite muchas variaciones. Puedes también visualizar la luz de la vela aumentada extraordinariamente e iluminando a la persona deprimida, mientras realizas mentalmente la petición.

RITUAL PARA LA NOCHE DE SAN JUAN

La finalidad de este ritual es aumentar las energías positivas, en el amor, el trabajo, el dinero y la salud. Para realizarlo se necesita un huevo, un pedazo de papel blanco, cuanto más pequeño mejor, una vela de color rosa o blanco y, claro, una hoguera de San Juan. En el trocito de papel se escribe la petición, poniendo los nombres de las personas afectadas. Es importante que nadie lo lea. Se hace en la cáscara del huevo un agujero por donde se introduce el papel enrollado como un pergamino, luego se enciende la vela y con la cera se tapona el agujerito vertiéndola en el huevo, que tiene que quedar herméticamente cerrado. Luego se deja la vela encendida hasta que se consuma totalmente y con el huevo en la mano se desplaza uno hasta donde haya una hoguera de San Juan encendida y se arroja el huevo a las llamas.

PARA ATRAER A UNA PERSONA AMADA

Enciende la vela ya preparada, pero no con una cerilla, sino con un papel blanco inmaculado donde habrás escrito la siguiente frase: «Ven a mí (nombre de la persona si lo conoces; si no, concéntrate con fuerza en su imagen) apasionado e indefenso en cuerpo y mente, que te enamores de mí hasta la muerte, que te acuerdes de mí en todo momento, que seas mi amor eterno, que no te alejen de mi lado y que me digas pronto (decir el propio nombre) te quiero. Que esta vela ilumine tus sueños y que seas mi amor aunque te lo impidan vientos, magia, rayos o truenos». Con mucho cuidado para no quemarte, encenderás la vela con este papel, enrollado como un papiro.

RITUAL MUY EFECTIVO PARA CONSEGUIR RÁPIDAMENTE ALGÚN DINERO

Este ritual se usa en casos de emergencia, cuando se precisa conseguir rápidamente dinero. Se necesitan tres velas de dos colores (amarillo y marrón), 150 grs de azúcar, siete monedas doradas de uso corriente, una estampita de san Onofre, tres flores de color amarillo y una cruz pequeña de madera (que no tenga sostén de metal). En un papel blanco escribe con tinta dorada la petición deseada. Pon luego el papel sobre una mesa cubierta con una tela de color blanco o amarillo. Sitúa en un plato de loza blanco las tres velas formando un triángulo, colocando la primera en lo que será el vértice superior y continuando con las dos restantes en el sentido de las agujas del reloj. Recuerda siempre pegarlas en el plato utilizando fósforos de madera. A continuación agrega el azúcar de la siguiente forma: en primer lugar rodea con azúcar la base de la primera vela que colocaste y continúa en idéntico orden en que las fuiste pegando. Distribuye el

resto del azúcar en el centro del plato. Luego dispersa las monedas en forma aleatoria sobre el azúcar. Coloca el plato sobre el papel escrito. A la izquierda del plato pon la imagen de san Onofre en un florero en el cual se habrán puesto tres flores amarillas y delante de esto dispón la cruz. Luego enciende las tres velas (siempre siguiendo el mismo orden indicado) y procede con mucha concentración a rezar la oración de la estampita. Cuando las velas se hayan consumido en su totalidad, deshazte de sus restos, del papel escrito y del azúcar, arrojándolos a una corriente de agua (puede ser un río, mar o arroyo). Deja las flores en la habitación principal de la casa y utiliza las monedas para adquirir alimentos (preferentemente pan). Guarda la estampa y la cruz para cuando se vuelvan a necesitar.

RITUAL PARA ATRAER DINERO CON UN IMÁN

Este ritual deberá llevarse a cabo la primera noche de luna llena. Necesitarás dos velas doradas o amarillas, un imán y varias monedas doradas. Enciende las dos velas y entre ambas sitúa el imán. Mientras las velas se van consumiendo, ve acercando monedas al imán, de tal manera que se adhieran a él. Pon tantas monedas como te resulte posible.

Una vez que las velas se hayan consumido, guarda las monedas en un frasquito de vidrio y el imán en otro, preferentemente con la misma forma que el anterior.

Repite la operación la última noche de luna llena y vuelve a guardar tanto el nuevo imán utilizado como las monedas.

RITUAL PARA LA RECUPERACIÓN
RÁPIDA DE UN ENFERMO

Necesitarás un velón de los que duran siete días y siete noches de color verde, siete hojas de ruda, siete granos de maíz colorado, un puñado de arroz, miel, siete varitas de incienso y una vela verde. En un papel en blanco sin líneas escribe siete veces el nombre de la persona que padece la dolencia. Perfora el velón por su base. Colócale dentro el papel escrito, las siete hojas de ruda, los siete granos de maíz, el puñado de arroz y la miel. Con la vela verde deberás sellar la base del velón hasta cubrir totalmente el agujero. Enciende el velón, que deberá permanecer encendido, rodeado por las siete varillas de incienso. Realiza siete veces la petición de que mejore el enfermo y, al final, da las gracias siete veces.

PARA LIMPIAR UN NEGOCIO

Si se comienza un negocio o se quiere limpiar el local de vibraciones o energías negativas que puedan existir debido a anteriores actividades, puede realizarse el siguiente ritual tradicional. Los materiales que se van a utilizar son:

Alcohol puro
1 recipiente de barro
2 cucharadas soperas de romero triturado
3 cucharadas soperas de mirra
2 cucharadas soperas de ruda triturada
7 rosas secas
2 cucharadas soperas de flores secas violeta
1 vela roja

Coloca todas las hierbas en el recipiente de barro y mézclalas bien. Sobre esta mezcla vegetal, vierte una moderada cantidad de alcohol puro. Coloca a la derecha del recipiente la vela roja. Deberás situarte mirando hacia el norte. La vela deberá quedar a tu derecha y el recipiente a tu izquierda. Con una cerilla de madera encenderás con la mano derecha el sahumerio preparado con las hierbas y el alcohol, y luego la vela. Mientras la mezcla y la vela están ardiendo, recitarás con gran concentración mental la siguiente oración:

Que el Señor bendiga este local.
Que el Señor guarde este local
(o bien dirás el nombre del negocio).
Que el Señor se compadezca de los
que habitan y trabajan en este local.
Que el Señor traiga prosperidad a este local.
Que con la ayuda de san Judas Tadeo,
protector misericordioso,
Dentro de estas paredes nunca jamás
entre ni habite el mal.
Amén.

A continuación, harás la señal de la cruz cuatro veces, cada una de ellas mirando hacia un punto cardinal diferente. Una vez finalizado el ritual, dejarás el local cerrado durante un período mínimo de doce horas para que las fuerzas positivas del rito destruyan la negatividad que pudiera existir. Una vez transcurrido dicho lapso, abrirás todas las puertas y ventanas para que entre aire puro. Tanto las hierbas como las cantidades que se van a utilizar deben ser exactamente las mencionadas. La concentración y la mentalización a la hora del rezo debe ser la máxima. Este ritual no debe realizarse más de dos veces en un mismo mes.

PARA PRESERVAR UN AMOR

Este ritual debe llevarse a cabo la primera noche de luna llena. Los materiales que vas a utilizar son:

1 vela blanca
1 vela roja
1 vela azul
1 varilla de incienso aroma opio

Cuando la luna esté bien visible, encenderás las tres velas dispuestas en forma de triángulo y luego la varilla de incienso. A continuación recitarás la siguiente oración:

Los Destinos amables han bendecido mi casa.
Los Destinos amables han bendecido mi casa.
Los Destinos amables tienen junto a mí a mi amado/a,
yo doy las gracias con el corazón humilde.
Yo agradezco a la diosa del Amor mi vida,
yo agradezco a la diosa del Amor mi amor,
yo agradezco a la diosa del Amor
sus continuas bendiciones
y humildemente pido que siga
favoreciendo mi felicidad.
¡Que así sea!

HECHIZO PARA UNIR A UNA PAREJA

Cuando debamos unir a una pareja desavenida se puede apelar a este rito.

Materiales que se tienen que emplear:

2 velas de color rojo
1 vela de color amarillo
1 foto de cada uno de los integrantes de la pareja
1 varilla de aroma de incienso
1 trozo de papel de aluminio (un poco más grande que el tamaño de las fotos)
1 trozo de tela de algodón de color rojo (un poco más grande que el tamaño de las fotos)

Un viernes (cuando la luna se encuentre en su fase de cuarto creciente) se deberá escribir detrás de la foto

de cada uno de los miembros de la pareja los nombres invertidos (es decir, en la foto perteneciente al hombre, escribir el nombre de la mujer y viceversa). Con un punzón, escribe en la vela de color amarillo el nombre de ambos.

A continuación dispón las velas en forma de triángulo, sobre una mesa que deberá estar cubierta con una tela de color blanco. Pon las dos fotos juntas, cara a cara, y envuélvelas primero con el papel de aluminio y luego con la tela. Coloca el envoltorio dentro del triángulo formado por las velas.

Después enciéndelas comenzando por la amarilla y siguiendo el sentido de las agujas del reloj concentrándote durante un período aproximado de 45 minutos en el deseo de unir a esa pareja. Luego enciende la varilla de incienso. Pasado dicho tiempo, apaga las velas. Deja el altar así dispuesto y repite la operación durante seis días más (es decir, en total serán siete jornadas). Los seis días restantes deja las velas encendidas un tiempo aproximado de 30 minutos. El último día deberás dejar que las velas se consuman en su totalidad. Al concluir, debe colocarse el envoltorio debajo de la almohada o el colchón.

HECHIZO PARA LOGRAR RIQUEZA

Para lograr riqueza y prosperidad durante un año tomarás una mazorca de maíz con hojas y pondrás un billete entre las hojas y los granos, junto con un papel en el que habrás escrito lo siguiente: «Diosa de la Fortuna, el dinero es como los granos de maíz que crecen en toda la tierra, esparce algunos de estos granos aquí (pon tu domicilio). Te doy las gracias». Firma la nota y ponla junto al billete. Ata todo con una cinta verde y cuélgalo sobre la puerta de entrada a tu casa con un cordón verde. Luego encenderás la vela amarilla y dejarás que se consuma totalmente. Al día siguiente encenderás un carboncillo y quemarás cualquier hierba aromática cuyas flores sean amarillas, esparciendo su humo por toda la casa, desde el fondo hasta la puerta de entrada. Deberás renovar este hechizo cada año.

PARA POTENCIAR EL AMOR DE TU PAREJA

Coloca en un saquito de tela natural, canela, ajedrea y eucalipto, junto con una piel de naranja. Enciende una vela roja en la que habrás escrito el nombre de tu pareja. Pon un objeto de plata frente a la vela y recita el siguiente conjuro:

Agradezco al universo
el amor que ya tengo
y para no perderlo,
ahora pido un refuerzo.

Lo harás un viernes. Si puedes, deja que la vela se consuma totalmente.

PARA CONSEGUIR EMPLEO

Prepara un altar con tres velas amarillas ungidas con esencia de sándalo. Coloca las tres velas en forma de triángulo con un vértice hacia el norte terrestre. Enciéndelas y recita lo siguiente: «Que el Poder del Padre, el Poder del Hijo y el Poder del Espíritu Santo me concedan el trabajo que deseo y merezco. Que así sea». Seguidamente repite tres veces cualquier oración de tu preferencia y da las gracias. Deja que las velas se consuman totalmente.

PARA LOGRAR EL PAGO DE DEUDAS

Coloca una vela amarilla a la derecha, una verde frente a ti y una blanca a la izquierda, las tres formando un triángulo. Escribe en cada vela el nombre del acreedor de la mitad hacia arriba y el nombre del deudor de la mitad hacia abajo. También deberás escribir en algún sitio de la vela las siguientes expresiones: «Según el orden Divino», para que lo que se conceda no resulte en un karma negativo, y: «Gracias, Padre», porque se debe agradecer siempre antes de que podamos percibir el beneficio. Reza tres oraciones que sean de tu preferencia frente a las tres velas encendidas y pide mentalmente a Dios que, de algún modo, ayude a que esas deudas sean canceladas.

VI

EL SILENCIO

El mundo se mantiene por el secreto (el Zohar)

Guardar silencio es una costumbre mágica tradicional que ayuda a proteger la energía que hemos puesto en nuestros hechizos. Un antiguo proverbio esotérico enseña que el «poder compartido es poder perdido». Guardarnos

nuestros objetivos mágicos para nosotros mismos nos permite centrar nuestra energía y atención en ellos y no en hacer alarde de los éxitos que esperamos obtener. El hecho de hablar de tu magia, aunque sea de manera informal, puede dificultar tu trabajo enormemente, incluso aunque la persona que escucha no tenga ningún interés en que fracases. Así, por tu propio bien, guarda silencio.

VII

APÉNDICES

LA TABLA ESMERALDA

La Tabla Esmeralda es un texto atribuido al legendario Hermes Trismegisto, al cual todos los grandes magos y alquimistas han considerado el fundamento teórico de su arte. Según los textos árabes que narran el hallazgo de la Tabla, el descubridor penetró en una cámara de una pirámide de Egipto y encontró allí una estatua (la de Hermes) en la que estaba escrito: «He aquí que soy Hermes, aquel que es triple en Sabiduría. He puesto en evidencia y a los ojos de todos estos signos maravillosos, pero seguidamente los he vuelto a velar a fin de que nadie llegue a ellos, si no es lo suficientemente sabio». En el pecho de la estatua se leía en el lenguaje siríaco: «Aquel que quiera conocer los secretos de la creación y la naturaleza, que mire bajo mis pies». Nadie fue capaz de encontrar ni de entender nada hasta que un sabio descifró el enigma y pudo leer la famosa Tabla Esmeralda, revivificando así lo que estaba enterrado. Este es el texto de la Tabla:

Es verdad, sin falsedad, cierto y muy verdadero:
lo que está abajo es como lo que está arriba,
y lo que está arriba es como lo que está abajo,
para realizar el milagro de la Cosa Única.
Y así como todas las cosas provinieron del Uno,
por mediación del Uno,
así todas las cosas nacieron de esta Cosa Única,
por adaptación.
Su padre es el Sol, su madre la Luna,
el Viento lo llevó en su vientre,
la Tierra fue su nodriza.
El Padre de toda la Perfección
de todo el Mundo está aquí.
Su fuerza permanecerá íntegra
aunque fuera vertida en la tierra.
Separarás la Tierra del Fuego,
lo sutil de lo grosero,
suavemente,
con mucho ingenio.

Asciende de la Tierra al Cielo,
y de nuevo desciende a la Tierra,
y recibe la fuerza de las cosas superiores
y de las inferiores.
Así lograrás la gloria del Mundo entero.
Entonces toda oscuridad huirá de ti.
Aquí está la fuerza fuerte de toda fortaleza,
porque vencerá a todo lo sutil
y en todo lo sólido penetrará.
Así fue creado el Mundo.
Habrá aquí admirables adaptaciones,
cuyo modo es el que se ha dicho.
Por esto fui llamado Hermes Tres veces Grande,
poseedor de las tres partes
de la filosofía de todo el Mundo.
Se completa así lo que tenía
que decir de la obra del Sol.

REGLAS PARA LA MAGIA

por Alice A. Bailey
(*Tratado sobre el fuego cósmico*)

REGLA UNO

El Ángel Solar se recoge en sí mismo, no disipa su fuerza, sino que en profunda meditación se comunica con su reflejo.

REGLA DOS

Cuando la sombra ha respondido, el trabajo prosigue en profunda meditación. La luz inferior es proyectada hacia arriba, la luz superior ilumina a los tres y el trabajo de los cuatro prosigue.

REGLA TRES

La Energía circula. El punto de luz, producto de la labor de los cuatro, crece y aumenta. Miríadas se reúnen en torno de su calor resplandeciente, hasta que merma su luz y su fuego disminuye. Después será emitido el segundo sonido.

REGLA CUATRO

El sonido, la luz, la vibración y la forma se entremezclan y fusionan, y así el trabajo es uno. Prosigue de acuerdo a la ley, y nada puede impedir que avance el trabajo. El hombre respira profundamente. Concentra sus fuerzas y arroja de sí la forma mental.

REGLA CINCO

Tres cosas preocupan al Ángel Solar antes de que la envoltura creada descienda: la condición de las aguas, la seguridad de aquel que así crea y la constante contemplación. De ese modo están aliados para el triple servicio, el corazón, la garganta y el ojo.

REGLA SEIS

Cuando el ojo se abre, los devas de los cuatro inferiores sienten la fuerza, son expulsados y pierden a su amo.

REGLA SIETE

Las fuerzas duales son vistas en el plano donde debe descubrirse el poder vital; los dos senderos enfrentan al Ángel Solar; los polos vibran. Aquel que medita debe hacer una elección.

REGLA OCHO

Los Agnisurias responden al sonido. El flujo y el reflujo de las aguas. Que el mago cuide de no ahogarse en el punto donde la tierra y el agua se unen. El punto medio, que no es seco ni húmedo, debe proporcionar el lugar donde él asiente sus pies. Donde se unen el agua, la tierra y el aire, ese es el lugar en que debe hacerse el trabajo mágico.

REGLA NUEVE

Después sobreviene la condensación. El fuego y las aguas se encuentran; la forma se dilata y crece. Que el mago ubique su forma en el sendero apropiado.

REGLA DIEZ

A medida que las aguas bañan la forma creada, estas son absorbidas y utilizadas. La forma acrecienta su fuerza; que el mago continúe hasta que su trabajo sea suficiente. Que los constructores externos cesen su trabajo y los constructores internos inicien su ciclo.

REGLA ONCE

Aquel que trabaja con la ley tiene ahora que llevar a cabo tres cosas: primero, descubrir la fórmula que confine las vidas dentro de la muralla esferoidal; luego, pronunciar las palabras que le expresen a esas vidas qué deben hacer y dónde llevar lo que ha sido hecho; finalmente, pronunciar la frase mística que lo salvaguardará de su trabajo.

REGLA DOCE

La trama palpita. Se contrae y dilata. Que el mago se apodere del punto medio a fin de liberar a esos «prisioneros del planeta» cuya nota es correcta y está exactamente afinada con aquello que debe ser hecho.

REGLA TRECE

El mago debe reconocer a los cuatro; observar en su trabajo el tono violeta que evidencian, y así construir la sombra. Cuando esto ocurre, la sombra se reviste a sí misma y los cuatro se convierten en siete.

REGLA CATORCE

El sonido aumenta. Se acerca la hora del peligro para el alma valerosa. Las aguas no han dañado al creador blanco y nada puede ahogarlo ni mojarlo. Ahora amenaza el peligro del fuego y de las llamas; sin embargo, se observa tenuemente el humo que se eleva. Que él, después del ciclo de paz, acuda nuevamente al Ángel Solar.

REGLA QUINCE

Los fuegos se acercan a la sombra; sin embargo, no la queman. La envoltura del fuego se ha terminado de construir. Que el mago entone las palabras que fusionan el fuego y el agua.

SOBRE LA MAGIA

por
Manly P. Hall

Magia es el arte de operar con las fuerzas invisibles de la naturaleza.

Mago es aquel capaz de prestidigitar los cuatro elementos de los cuerpos.

Mago blanco es aquel que trabaja a fin de ganarse la confianza, ante los poderes que son, y probar, con la pureza de su vida y la sinceridad de sus motivos, que se le puede confiar el gran secreto.

Mago negro es aquel que busca obtener dominio sobre los poderes espirituales más por la fuerza que por merecimientos. En otras palabras: es aquel que trata de tomar por asalto los portales del cielo, que anda tras el poder espiritual y el dominio oculto con intenciones inconfesadas.

Magia negra es el uso de los poderes espirituales para satisfacer inclinaciones animales o egoístas.

Magia blanca es el uso correcto, objetivo y consciente de los poderes espirituales.

Constantemente debemos examinar y vigilar nuestra vida diaria, porque nadie está nunca en lugar seguro. Cuanto mayor sean el poder y la luz de que se dispone, mayores serán las tentaciones de abusar de ellos o de emplearlos con fines egoístas. También ha de saberse que cuanto mayor sea el conocimiento, más grande es el castigo por abusar de él. El pecado que es perdonable en el niño es imperdonable en el hombre.

La finalidad que se proponga es la clave para el problema de la magia. Aun el más grande de los magos blancos podría transformarse en un degenerado si sus motivos, por un solo instante, fuesen indignos. El mago blanco está al servicio de la humanidad; el mago negro solo aspira a servirse a sí mismo.

La oscuridad que fue la causa de la inmersión de la Atlántida, cuando el hombre esclavizó a los espíritus de los elementos y los obligó a cumplir sus mandatos, todavía perdura. La magia negra de la Edad Media, con sus hechicerías y orgías, no ha muerto; tan solo su forma ha variado, como cambian otras formas en la naturaleza. Se ha encarnado en nuestra época con toda su furia y todo su poder, y está carcomiendo, como ayer, el corazón mismo de nuestra civilización, y si continúa así terminará por derrumbar y aniquilar nuestra raza.

Todos los ocultistas saben que la fuente de vitalidad en el universo es única, y que es emanación del Logos universal. Este poder único solo produce diferenciaciones al llegar al nivel de los mundos más densos, en los cuales se va degradando de acuerdo con sus rangos propios de frecuencia vibratoria.

Ambos magos, el blanco y el negro, extraen su fuerza de la misma gran corriente que fluye eternamente desde el centro del Ser-Causa y se difunde a lo largo de radios de circunferencia. La diferencia entre la magia blanca y la magia negra radica no en la fuerza utilizada —que es siempre un poder divino—, sino en la manera como se obtiene y como se emplea.

No experimentéis. En el terreno espiritual la mera experimentación es a menudo fatal, y muchos son los estudiantes que han ido a parar prematuramente a la tumba o a los asilos de enfermos mentales, o bien que han quedado obsesionados durante sus indebidos ensayos. Apartaos del fenomenalismo; para el verdadero estudiante nada valedero hay en él. El estudiante sincero no busca la salvación por los ojos, sino a través de su alma. El fenomenalismo no requiere la participación del aspecto superior del ser, sino que, a lo sumo, solo sirve para satisfacer la mera curiosidad. Hoy, como ayer, será rara la vez que se pida la salvación del alma, mientras que lo usual es que se reclame la realización de «milagros».

¿Nunca habéis experimentado la sensación de que alguien a quien os habéis encontrado tiene algo de maligno? ¿Nunca habéis sentido una extraña repulsión por alguien? Eso se debe a los elementales y formas mentales que pueblan el aura de la persona en cuestión; si vuestra intención no es pura, al introduciros en el campo de la magia atraeréis dichas entidades y se os adherirán como sanguijuelas.

CONSIDERACIONES SOBRE LA MAGIA

por
Vicente Beltrán Anglada

Como vimos oportunamente, los vehículos inferiores del ser humano, es decir, la mente concreta, el vehículo emocional y el cuerpo físico, son unos compuestos moleculares de energía provenientes de los diversos subplanos de los tres planos inferiores del sistema solar. Nuestro trabajo mágico debe iniciarse aquí, pues todas estas energías son agrupaciones dévicas de distinta vibración que se sienten atraídas al centro de conciencia corporal correspondiente por ley de atracción magnética o de afinidad química, ya que no hay que olvidar que todos los vehículos, sea cual sea su sutilidad, son moleculares y extraen sus componentes atómicos del gran océano de energías surgidas de las infinitas e indescriptibles profundidades del Espacio.

No podríamos ir muy lejos en nuestro estudio de la Magia organizada, ya se realice a través del hombre, de un planeta o de un sistema solar, sin tener en cuenta la realidad Espacio, como contenedor de todos los elementos necesarios para cualquier tipo de creación, desde la más sutil hasta la más densa. La densidad o la sutilidad de los elementos segregados por las entidades dévicas que intervienen en el noble ejercicio de la Magia dependerán lógicamente de la calidad invocativa del Mago y de los fines que persigue en sus invocaciones.

En los *ashrams* de la Jerarquía se enseña de forma práctica el arte o la ciencia de la Magia, en primer lugar mostrándoles a los discípulos —a través de un eventual desarrollo de la clarividencia— los distintos tipos de devas que constituyen el infinito Centro de Luz, llamado ocultamente *Akasha*, que es el Manto que recubre la indescriptible pureza del Espacio. Utilizando esta sutil visión en los mundos ocultos, aprende el discípulo a diferenciar perfectamente a los devas inferiores o lunares de los superiores o solares. Los reconoce e identifica por el color característico de sus auras magnéticas, que suele dar una noción segura e incontrovertible del nivel del cual proceden y de la calidad del éter que utilizan en sus actividades. Los colores resplandecientes, sutiles y de indecible belleza y transparencia informan inmediatamente sobre los devas habitantes de los subplanos superiores de cada plano; por el contrario, la visión de los devas cuyos colores identificables sean densos, opacos u oscuros indican claramente que aquellos devas proceden de los niveles inferiores. Cada una de estas agrupaciones dévicas, subdivididas en varias jerarquías, poseen lógicamente una sensibilidad apropiada a los mantras o voces invocativas que se elevan consciente o inconscientemente del mundo de los hombres, de la singular esfera de «los aprendices de Mago». Los mantras mediante los cuales son invocados los devas superiores han de ser muy distintos de los que atraen la atención de los inferiores. La sutilidad, el orden musical, la pureza de intención y la carencia de móviles egoístas constituyen la esencia de los mantras superiores... El sonido musical se eleva raudamente al Espacio y crea a su alrededor un núcleo dévico que responde a las intenciones del Mago y las secunda dócilmente realizando el trabajo que aquel mantra les sugiere o les ordena. Lo mismo puede decirse con respecto a los mantras utilizados por aquellos otros Magos cuyas intenciones e ideas son diametralmente distintas y cuyo poder invocativo atrae fuerzas dévicas opuestas al desarrollo evolutivo de la creación. Estos mantras, o sonidos invocativos, son broncos, ásperos y rudos, ya que han de atraer la atención de devas poco evolucionados y de naturaleza muy primaria, que secundan ciegamente los móviles y las intenciones de los Magos negros, egoístas y carentes de principios éticos o morales.

Nos referimos aquí, naturalmente, a seres humanos que realizan la Magia invocativa de manera consciente, sean cuales sean sus móviles ocultos, egoístas o altruistas, en el sentido del bien o en el sentido del mal. Los seres humanos corrientes, que frecuentemente no tienen ni la más remota idea de lo que es la Magia, la utilizan sin embargo en todas y cada una de sus expresiones psicológicas, cuando piensan, cuando sienten, cuando hablan... Afortunadamente y para el bien del conjunto de la Raza, sus expresiones mentales son muy débiles y no tienen poder suficiente para invocar a los devas ígneos del plano mental, los cuales exigen un pensamiento claro y potentemente organizado para sentirse impelidos a secundar las decisiones mentales del Pensador, del Mago. Por el contrario, los deseos humanos son por lo general tan intensos, densos y apremiantes que los niveles astrales correspondientes están prácticamente rebosantes de aquellas legiones dévicas que, en su totalidad, constituyen el deseo en todas sus expresiones. Cuando este deseo es muy intenso en el hombre y el cuerpo físico posee un doble etérico potentemente organizado, tenemos ante nosotros aquella expresión mágica técnicamente descrita como Magia Sexual. Esta Magia suele ser de carácter inconsciente en la mayoría de los casos, pero, a veces, la utiliza el Mago negro para dominar a sus víctimas, a las que lleva fácilmente por sendas de abyección, de envilecimiento y de negación completa de las facultades superiores del Espíritu.

Examinado el ser humano a través de la facultad clarividente, se le ve sujeto a las limitaciones propias de su estado evolutivo, las cuales determinan por irradiación magnética las acumulaciones de entidades dévicas que forman sus ambientes individuales, familiares y sociales. Se relaciona especialmente con dos agrupaciones dévicas, las etérico-físicas y las astrales, subdivididas ambas en varias jerarquías o grados de evolución... Los devas etéricos más en contacto con el ser humano pertenecen a la jerarquía de los AGNISCHAITAS denominados esotéricamente «devas del Séptimo Orden». Los hay de numerosas clases y especies. Los más esplendentes y más sutilmente cualificados construyen los vehículos etéricos de los Adeptos e Iniciados en encarnación física, así como el del propio SANAT KUMARA, el Señor del Mundo, quien se expresa físicamente por medio de una Forma indescriptiblemente radiante construida con sustancia etérica de la más acrisolada sutilidad.

Otros devas de séptimo orden construyen los vehículos etéricos de los seres humanos en múltiples estados de evolución. Los cuerpos de los animales y de las formas vegetales en sus múltiples especies y gradaciones son construidos también por agrupaciones dévicas de este orden de Agnischaitas y todas las formas físicas de la naturaleza, aun las llamadas «inertes»; poseen un aura etérica o campo magnético creado por las jerarquías inferiores de tales tipos de devas.

El cuerpo físico denso de cualquier entidad espiritual manifestada es, en realidad, una concreción o sustanciación de la energía etérica y ha sido construido asimismo por increíbles legiones de vidas dévicas pertenecientes a la gran familia de los Agnischaitas... Así, cuando se estudia el cuerpo físico del hombre desde el ángulo de la clarividencia, se le observa constituido por diversos tipos de sustancia vibratoria, densa y etérica. Al igual que sucede con los siete estados de materia componentes del plano físico del sistema solar, el cuerpo físico del hombre es séptuple en su expresión y contiene todos los elementos sustanciales generados y gentilmente ofrecidos por los devas Agnischaitas.

La obra más densa corresponde naturalmente a los devas etéricos que trabajan y manipulan la sustancia sólida, líquida y gaseosa del plano físico. A tales devas se los denomina ocultamente «elementales constructores» y los hay de distintas gradaciones dentro de una misma familia o especie. Podríamos decir que en cada una de las siete gradaciones que componen la totalidad de los

Agnischaitas, o devas de Séptimo orden, hay devas que trabajan en los niveles superiores de cada especie y otros que lo hacen en los niveles inferiores. Sin embargo, cada cual ocupa su lugar y realiza el trabajo que le ha sido encomendado por sus Guías superiores, tratando de hacerlo de la mejor manera posible, pues de la calidad y efectividad de su trabajo depende su propia y necesaria evolución, lo mismo que ocurre en el mundo de los hombres.

La séptima gradación dévica de los devas de Séptimo orden es lógicamente la más cercana al mundo físico objetivo, y a algunas de sus huestes se las suele denominar «espíritus de la naturaleza». Poseen muy diversas y variadas formas. El prototipo, sin embargo, lo proporcionan aquellos diminutos elementales llamados comúnmente «gnomos», o enanitos de los bosques, los cuales, en su increíble variedad, llenan de formas la vida de la naturaleza, desde el átomo físico de hidrógeno, base de la estructuración química del universo, hasta las más bellas y resplandecientes piedras preciosas... Cada gnomo conoce perfectamente su misión y la realiza de acuerdo con las instrucciones que le vienen facilitadas por métodos que escapan a nuestra percepción por sus Guías dévicos superiores, siguiendo unas líneas de trabajo realmente maravillosas. De ahí que sus creaciones, salvo en muy contadas excepciones, pueden ser consideradas perfectas. No se trata naturalmente de la perfección de un modelo o arquetipo, sino de las innumerables o increíbles fases de un trabajo particular que contribuye a la perfección de un arquetipo. Este arquetipo, ya sea de una flor, de un pájaro o de una piedra preciosa, viene a representar la culminación de un trabajo de equipo, cuyas fases o etapas están encomendadas a diversas y bien cualificadas jerarquías de espíritus de la tierra.

Tenemos también a los diminutos espíritus de las aguas, ocultamente llamados «ondinas», cuyo trabajo se realiza en el interior de toda expresión acuosa en la vida de la naturaleza. Allí donde se halle presente el elemento agua, ya sea en cualquier arroyo, en el más caudaloso río o en la inmensidad de los océanos, se encontrará siempre la causa vital de tal elemento, la prodigiosa multiplicidad de las pequeñas ondinas o de los gigantescos neptunos. La misión de estos espíritus acuosos es mantener el planeta Tierra con el suficiente grado de humedad que permita «refrescar el ardor de sus profundas entrañas inflamadas» (Libro de los Iniciados), haciendo referencia al Fuego de Kundalini, cuya ardiente y terrible expresión es el resultado de una infinita acumulación de poderosos AGNIS, o Espíritus del Fuego, cuya misión es mantener el calor central de la tierra mediante el cual son vitalizados todos los cuerpos vivos del planeta, sea cual sea su grado de evolución. El Fuego, como elemento vitalizador, existe en distintas jerarquías o intensidades y los espíritus etéricos que lo integran y cualifican cumplen perfectamente la misión que desde niveles superiores les es exigida, estando presentes por lo tanto en toda expresión ígnea en la vida de la naturaleza, desde el pequeño fuego de una vela hasta el más pavoroso incendio y las terribles erupciones volcánicas.

Los espíritus del aire son denominados silfos o sílfides, y dentro de su ingente y maravilloso grupo se cuentan los grandes Señores del Viento, que dirigen y controlan toda expresión de aire en la vida del planeta, desde la tenue brisa hasta el más potente huracán, desde la atmósfera que respiramos hasta los gases más nocivos que se gestan en las más profundas entrañas de la Tierra. Son los devas más sutiles en orden a la densidad etérica y suelen ser los aliados del Mago cuando invoca a las «fuerzas del Espacio» para producir ciertos fenómenos ambientales, pues tales devas en sus múltiples y variadas jerarquías constituyen uno de los aspectos planetarios de aquella rara sustancia y maravillosa energía que llamamos «electricidad».

El Mago trabaja generalmente con una energía eléctrica, más sutil que la conocida, que invoca de las profundidades del Espacio mediante la concentración, la meditación y la pronunciación de los mantras adecuados. La electricidad extraída del Espacio es fuego, aunque un fuego muy distinto del que solemos utilizar en nuestros hogares o del que surge o emana de las entrañas místicas del planeta bajo el nombre oculto de Kundalini, que mantiene viva la llama de la vida física de la Tierra.

La electricidad o «fuego del espacio» es la energía más potente y sutil que desarrolla y manipula el Señor del Mundo en la evolución del planeta, y es la energía que invoca el Mago blanco para producir los resultados de luz que han de enriquecer el mundo social de los hombres. Mediante su hábil utilización, puede invocar el fuego de Kundalini, elevándolo hacia las regiones espirituales de su propio ser y purificando con su ascensión todo el complejo molecular de sus cuerpos expresivos, y a su paso por sus espacios intermoleculares, clarifican el cuerpo etérico y redimen la sustancia que lo compone. Todo en la naturaleza se alía y complementa. Los devas, sea cual sea su gradación y su especie, trabajan al unísono. Los elementos constitutivos de la tierra, del agua, del aire y del fuego son piezas fundamentales en la creación del universo. El factor común que los integra y unifica es el éter, la sustancia primordial de la creación. Los devas, o espíritus elementales, que al manifestarse en el plano físico denso crean la materia sólida, líquida y gaseosa y viven en el seno de los elementos, son nuestros colaboradores inmediatos en el aprendizaje del arte mágico de la creación. Ellos nos facilitan los materiales precisos y nos ayudan en todo momento si somos capaces de invocarlos correctamente... El Mago utiliza todas estas jerarquías dévicas de la naturaleza que construyen los elementos vitales del mundo físico, operando mágicamente sobre ellos y atrayendo el favor y la amistad de los devas superiores que son sus guías y gobernantes, mediante rectitud de conducta y sabias invocaciones. La ley de la naturaleza es siempre de «acción coordenada» y la amistad entre los grandes reinos es la base angular donde se apoya el soberbio edificio de la Magia organizada.

Cada grupo dévico, sea cual sea su especie o jerarquía o el elemento que integra y dentro del cual realiza su evolución, está controlado y dirigido internamente —tal como decíamos en páginas anteriores— por devas más evolucionados. Cada uno de estos devas reúne a su alrededor a un determinado grupo de elementales constructores, enfocando a través de ellos determinados propósitos y actividades. Vemos así que el silfo de categoría dévica superior controla y dirige su propio grupo de pequeños silfos, que un agni del fuego mantiene bajo su gobierno y control a un grupo específico de salamandras, que una ondina evolucionada gobierna asimismo a un grupo más o menos numeroso de pequeñas ondinas y que un deva de la tierra dirige las actividades de un numeroso grupo de espíritus de la tierra o gnomos, incitándolos a la construcción de las formas más densas de la naturaleza.

Tenemos así, en la base de los elementos conocidos, cuatro órdenes de entidades dévicas, las cuales mantienen bajo control y dirigiendo con incomprensible maestría la ingente cantidad de elementales constructores. Dentro de cada uno de estos órdenes establecidos hay una profusión de huestes y jerarquías que operan bajo los impulsos de un Poder dévico central, cuya conciencia abarca la extensión o «círculo-no-se-pasa» del plano físico. A este Poder central o a este deva superior que abarca todas las huestes y jerarquías dévicas del plano físico se le llama ocultamente SEÑOR KSHITI (YAMA) y según se nos dice ocultamente, es el ARCÁNGEL regente del plano físico en su totalidad, el Constructor, sustentador y organizador de todas las formas existentes en la vida física de la naturaleza, diseñadas por el Logos planetario de acuerdo con patrones o arquetipos provenientes de las esferas superiores del esquema.

El plano físico planetario, que se expresa dentro del plano físico solar, está dividido en siete subplanos, cada uno de los cuales se halla bajo la regencia de un ángel o deva de gran evolución, aunque dependiente siempre del poder central del Mahadeva KSHITI... De acuerdo con su particular evolución y con la obra que han de llevar a cabo en su particular y respectivo subplano, a estos devas se los suele llamar los grandes ARQUITECTOS del mundo físico. Actuando sobre una cantidad prodigiosa de devas de todas las jerarquías, estos grandes ángeles controlan la ENERGÍA técnicamente definida como de SUSTANCIACIÓN. Así, por un incomprensible sistema de COMPRESIÓN DEL ÉTER —una idea seguramente muy difícil de captar— sustancian o condensan la energía etérica más sutil y crean aquel compuesto material mediante el cual serán construidas todas las formas existentes, desde las más sutiles en el orden etérico hasta las más densas, como pueden ser las que evolucionan en el reino mineral. Nuestro cuerpo físico, que ha sido calcado y proyectado desde los niveles etéricos correspondientes a nuestro grado de evolución, es el recipiente de toda clase de energías, mentales, astrales y etéricas. Más allá de estos tres niveles no ha sido formado todavía un núcleo creador capaz de aglutinar sustancia dévica. Para la mayoría de los seres humanos, el cuerpo causal formado por las energías abstractas del plano mental no ha sido completado todavía... Por tal motivo, las energías que actúan más allá del nivel mental concreto solo son accesibles a los seres humanos muy evolucionados. Así, al referirnos a los devas que constituyen los planos superiores del sistema solar, lo haremos en un sentido meramente descriptivo o informativo y solo como un estímulo espiritual para los aspirantes.

Podríamos decir, por lo tanto, que la Magia, como poder creativo, opera de acuerdo con la evolución espiritual del Mago o del Discípulo y, en lo que al ser humano respecta, sus actividades mágicas tienen lugar preferentemente en los tres niveles inferiores de la manifestación, físico, astral y mental concreto. Eso quiere decir que además de dominar y controlar a los devas del plano físico, o a cierta categoría de Agnischaitas, deberá controlar también a ciertos grupos de devas de los planos astral y mental para terminar con éxito su aprendizaje en el difícil arte mágico de la creación.

Los devas de sexto orden, llamados ocultamente AGNISURYAS, son los más potentes en esta cuarta ronda debido, tal como esotéricamente se sabe, a la casi completa polarización astral de la humanidad, a la intensidad y desenfreno de sus deseos y sensaciones y a la importancia asignada a sus ideas instintivas. Estos devas están divididos también en siete vastas jerarquías y cada uno de estos siete niveles se halla gobernado por un ángel Agnisurya de gran evolución, que a su vez depende del poder omnipotente central del Gran Mahadeva, Señor VARUNA, llamado ocultamente «el Señor de las Aguas», quien es el Regente del plano astral del sistema en su totalidad. Igual que sucede con el entero proceso de la Magia, los niveles superiores del plano astral son utilizados preferentemente por los Magos blancos, en su cooperación con las fuerzas del Bien, y los inferiores y más densos constituyen las zonas de actividad de los Magos negros, quienes, en tales niveles, desarrollan tanto o más poder que los blancos, ya que éstos, por su propia condición y naturaleza, desdeñan a veces descender a estas zonas para desarrollar su obra mágica.

Los devas de quinto orden, o devas AGNISVATTAS, son los más poderosos y cualificados con los cuales puede establecer contacto y recibir inspiración espiritual el hombre muy evolucionado de nuestros días. Para los seres humanos corrientes, estos devas constituyen todavía «una zona prohibida e inviolable». Únicamente los devas inferiores de esta jerarquía dévica de quinto orden les son más o menos asequibles y, merced a ellos, les es posible pensar, razonar o recordar, pues tales devas constituyen el fuego mental que anima todas y cada una de sus creaciones mentales, pensamientos y propósitos. Cuando analizamos ocultamente el conocido axioma esotérico «la energía sigue al pensamiento», vemos que el hombre piensa y que al hacerlo invoca del espacio estas energías dévicas que le permiten concretar y objetivar sus pensamientos y actividades mentales. En todas sus huestes y jerarquías los devas Agnisvattas constituyen la energía ígnea del Pensamiento, así como el fuego que dinamiza la Voluntad del Pensador. De ahí la importancia que tiene para el Mago blanco establecer contacto consciente con estas fuerzas ígneas del Espacio, ya que su fuego energiza todas las operaciones mágicas de su pensamiento y le permite controlar a los devas inferiores de todos los niveles, astral, etérico y físico denso.

El Mago negro utiliza también para llevar a cabo ciertas operaciones mágicas a la estirpe inferior de devas Agnisvattas. A través de ellos le es posible controlar y subyugar el pensamiento de los seres humanos no suficientemente evolucionados y obtener dominio sobre sus ambientes y circunstancias, entorpeciendo así –tal como es su propósito– los planes y proyectos de los agentes del Bien planetario.

Afortunadamente para la humanidad, la Magia operativa de los Magos negros solo puede alcanzar los niveles inferiores de los seres humanos, fomentando allí los gérmenes de la discordia, del odio y de la ambición, pero debido al egoísmo y sordidez de sus móviles, les es imposible acceder a los niveles superiores del plano mental donde actúan los potentes AGNIS que infunden vitalidad a todas las fuerzas de la naturaleza y a las actividades más elevadas y sublimes de los hombres.

El Mago negro solo puede establecer contacto consciente con los niveles quinto, sexto y séptimo del plano mental, que se hallan muy estrechamente vinculados con idénticos subplanos del plano astral. De ahí que su poder en esta cuarta ronda sea tan potente todavía debido a la intensa y casi completa polarización astral de los seres humanos, lo cual influye en los desastrosos efectos registrados en la vida social y comunitaria de la humanidad.

El ejercicio de la Magia exige el inteligente gobierno de las fuerzas internas. Tanto el Mago blanco como el negro se caracterizan por la fuerza de voluntad que imprimen a sus decisiones, pero tal como hemos tenido interés en señalar en diversas fases de nuestro estudio práctico de la Magia, el conocimiento oculto de las reglas y condiciones exigidas solo se centrará en el Bien y en el apoyo decidido a los planes y proyectos de la Gran Fraternidad Blanca del planeta. Hemos establecido claramente los dos tipos de Magia. Esperamos ahora, después de haber definido las tres principales órdenes de devas que operan en los espacios etéricos planetarios, que el aspirante o el discípulo consagrado estudiará convenientemente las fuerzas dévicas con las cuales —y en orden a la particular evolución— ha decidido colaborar de acuerdo con el sagrado anhelo de Bien que surge de lo más profundo del corazón y es el verdadero resorte y la única clave de la Magia organizada en nuestro mundo.